POLYGLOTT on tour

St. Petersburg

Der Autor
Jochen Könnecke

Unser E-Book-Code zur elektronischen Erweiterung des POLYGLOTT on tour. Das kostenlose E-Book enthält die im Reiseführer aufgeführten Adressen entlang der Touren, beispielsweise zu Essen und Trinken, Shoppen, Aktivitäten und Hotel-Tipps. Links auf einen externen Kartendienst vereinfachen das Auffinden dieser Adressen.

Mit großer Faltkarte & 80 Stickern für die individuelle Planung

www.polyglott.de

6 Typisch

20 Reiseplanung & Adressen

40 Land & Leute

SPECIALS

ERSTKLASSIG!

ALLGEMEINE KARTEN

STADTTEIL-KARTEN

SYMBOLE ALLGEMEIN

! Erstklassig ! Besondere Tipps der Autoren

SPECIAL Specials zu besonderen Aktivitäten und Erlebnissen

SEITEN BLICK Spannende Anekdoten zum Reiseziel

★ Top-Highlights und Highlights der Destination

TOUR-SYMBOLE

1	Die POLYGLOTT-Touren
6	Stationen einer Tour
1	Zwischenstopp Essen & Trinken
1	Hinweis auf 50 Dinge
[A1]	Die Koordinate verweist auf die Platzierung in der Faltkarte
[a1]	Platzierung Rückseite Faltkarte

PREIS-SYMBOLE

	Hotel DZ	Restaurant
€	bis 120 EUR	bis 15 EUR
€€	120 bis 300 EUR	15 bis 40 EUR
€€€	über 300 EUR	über 40 EUR

Abseits des Zentrums S.122 (Newa-Delta S.123)
Petrograder Seite S. 58
Moskauer Seite S. 74
Abseits des Zentrums S.122
(Moskauer Vorstadt S.126)
Petropawl. Krepost
(Peter-Paul-Festung)
Kanalfahrt/Bootsfahrt
Kunstkammer
Birschewaja pl.
Weiße Nächte
Universität
Eremitage-Museum
Admiralität
General-stabsg.
Isaaks-Kathedrale
Isaakiews-kaja pl.
Sommergarten
Mariinskij-Theater
Teatralnaja pl.
Gostinnyj dwor
Witebskij woksal
Baltijskaja woksal
Peterhof, Katharinenpalast
Kronwerk
Newa
Malaja
Bolschaja
o. Elagin
o. Kamennyi
Krestovskij ostrov
Vyborgskaja
Petrogradskaja
Chkalovskaja
Gorkowskaja
Wassileostrowskaja
Admiraltejskaja
Newskij prosp.
Gostinnyj Dwor
Majakowskaja
Dostojewskaja
Wladimirskaja
Sennaja pl./Sadowaja/Spasskaja
Puschkinskaja/Zvenigorodskaja
Ligowskij prosp.
Tekhnologicheskij institut
Obwodnij kanal
Baltijskaja
Frunzenskaja
Ploshchad Lenina
Kusnetschnyj Markt

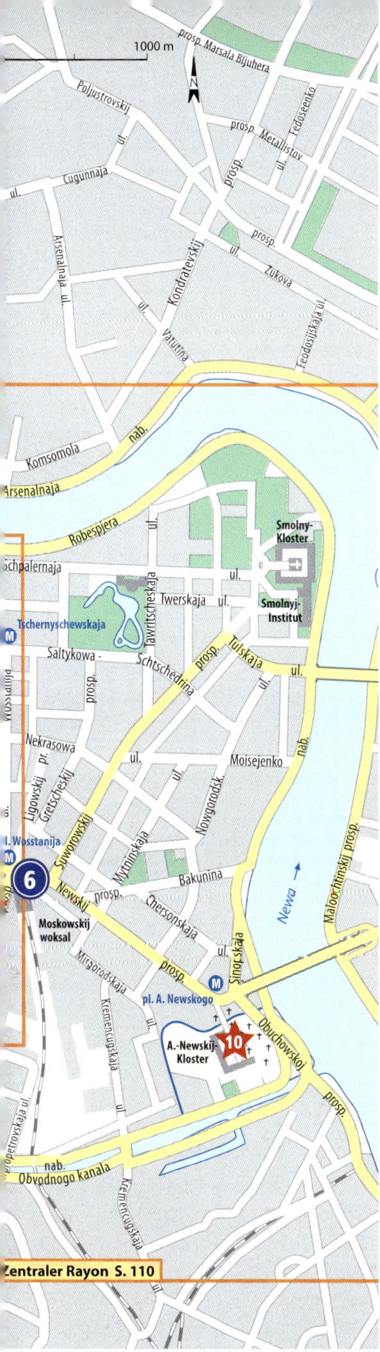

Touren-Start

Perfekte Planung
Parallel Klappe vorne links aufschlagen

Top 12 Highlights

1. Peter-Paul-Festung › S. 62
2. Kunstkammer › S. 66
3. Eremitage-Museum › S. 78
4. Isaakskathedrale › S. 82
5. Mariinskij-Theater › S. 85
6. Sommergarten › S. 95
7. Newskij prospekt › S. 100
8. Auferstehungskirche › S. 104
9. Russisches Museum › S. 106
10. Alexander-Newskij-Kloster › S. 113
11. Peterhof › S. 131
12. Katharinenpalast › S. 136

Zeichenerklärung der Karten

- beschriebenes Stadtviertel (Seite=Kapitelanfang)
- 10 E h Sehenswürdigkeiten
- 10 Zwischenstopp: Essen und Trinken
- 4 Tourenvorschlag
- Autobahn
- Schnellstraße
- Hauptstraße
- sonstige Straßen
- Fußgängerzone
- Eisenbahn
- Staatsgrenze
- Landesgrenze
- Nationalparkgrenze

Die Eremitage beherbergt nicht nur eine der größten Kunstsammlungen der Welt, sie ist auch selbst ein Schaustück

TYPISCH

St. Petersburg ist eine Reise wert!

Die ehemalige Zarenhauptstadt hat in den letzten Jahren viel von ihrem einstigen Glanz wiedererlangt. Prächtige Paläste am Ufer der Newa, von Kunstschätzen überquellende Museen und nicht zuletzt die Weißen Nächte im Sommer machen einen Besuch zum Erlebnis.

Der Autor **Jochen Könnecke** lebt in Potsdam, studierte Schauspiel und war an verschiedenen Theatern engagiert. Seit einem längerem Aufenthalt in Russland und Lettland verfasst er auch Reiseführer und Artikel für Reisemagazine, vor allem über das Baltikum und ganz besonders über Lettland und dessen Hauptstadt Rīga, die mittlerweile zu seiner zweiten Heimat geworden ist. Von dort aus reist er regelmäßig nach St. Petersburg.

Der Anflug auf St. Petersburg versetzt mich jedesmal aufs Neue in Erstaunen. Denn der Blick aus dem Fenster fällt zunächst auf eine karge nordische Landschaft mit Feldern, Wiesen, kleinen Seen und Wäldern. Dann tauchen sowjetische Plattenbauten auf, die ihre besten Tage hinter sich zu haben scheinen. Nichts deutet darauf hin, dass sich hier, wo es im Winter bereits am frühen Nachmittag dunkel wird, eine Stadt ausbreitet, die alle anderen in Russland an Pracht überflügelt. Auch die Fahrt vom Flughafen führt zunächst durch industrielles Niemandsland,

Der perfekte Ort für eine Kaffeepause ist das Café im Singer-Haus

Eine Bootstour gehört in St. Petersburg zum Pflichtprogramm

bevor es erste Spuren von Monumentalität gibt, die allerdings aus der Sowjetzeit stammen: Am Denkmal für die Verteidiger Leningrads am Siegesplatz vorbei geht es auf dem Moskauer Prospekt mit seinen stalinistischen Wohnblöcken bis zum Haus der Sowjets. Hier steige ich aus und fahre mit der Metro weiter.

Nach ein paar Stationen bringt mich eine Rolltreppe aus fast 100 m Tiefe wieder zurück ans Tageslicht, und plötzlich stehe ich auf dem berühmten Newskij prospekt, umgeben von architektonischer Pracht, die mich fast erschlägt. Vor mir erhebt sich die riesige Kasaner Kathedrale mit ihrer 96-säuligen Kolonnade und ihrer markanten Kuppel, auf der anderen Seite das im Jugendstil gestaltete, von einer gläsernen Weltkugel bekrönte Singer-Haus. Und dann ist da natürlich der Gribojedow-Kanal mit seinen romantischen Fußgängerbrücken. Er verleiht der Stadt, wie auch die kleinere Moika und die größere Fontanka, das gewisse Etwas. Vielleicht ist es ja das ruhige Dahinfließen des Wassers, das als Kontrast zur überbordenden Architektur der Stadt eine entspannte und harmonische Atmosphäre erzeugt. Ich jedenfalls gehe hier gern stundenlang spazieren und fühle mich dann Dostojewski nah, der sich vom Newskij prospekt und den Kanälen zu vielen seiner Geschichten und Romane inspirieren ließ.

Vor dem Gostinnyj dwor, dem größten Kaufhaus der Stadt, das bereits Ende des 18. Jhs. erbaut wurde, bieten Stadtführer per Lautsprecher ihre Dienste an. Ich lehne dankend ab, stattdessen erinnere ich mich an eine Bootsfahrt im letzten Sommer, die vom Gribojedow-Kanal über die Moika und die breite Newa bis zur Peter-Paul-Festung auf der Haseninsel führte, dem Ursprungsort der Stadt.

Auferstehungskirche – hier zeigt die Stadt ihre russische Seele

Die Sammlungen der Eremitage sind nur häppchenweise zu bewältigen

Warum Peter der Große wohl gerade hier, inmitten schwer zugänglicher Sumpfgebiete, 1706 den Bau einer neuen Hauptstadt veranlasste? Es war wohl eine Mischung aus Liebe zur europäischen Kultur, dem Wunsch nach Absicherung gegenüber Schweden und der Überzeugung, dass der Aufbau einer Russischen Marine den Austausch mit Europa intensivieren würde.

Am schönsten ist ein Spaziergang an der Newa während der Weißen Nächte im Sommer, wenn ein unwirkliches Licht die Fassaden umspielt. Dann ist die Stadt wochenlang im Wachzustand, noch um drei Uhr morgens spielen die Straßenmusiker, die Menschen feiern und tanzen, überall sind Stände aufgebaut. Auch ich bleibe schlaflos, wie viele andere zieht es mich zu den Brücken, die sich jede Nacht für wenige Stunden öffnen, um Schiffe passieren zu lassen. Einer der besten Plätze, um dieses Schauspiel zu beobachten, ist die Strelka, die Ostspitze der Wassiljewski-Insel.

Von der Strelka aus hat man auch eine fantastische Aussicht auf das historische Zentrum mit dem Winterpalast. In der ehemaligen Zarenresidenz ist heute die Eremitage untergebracht, ein Hort unermesslicher Kunstschätze. Ihre Erkundung ist eine Lebensaufgabe, deswegen versuche ich, bei jedem Besuch einen für mich neuen Teil der Sammlung in Augenschein zu nehmen, die Katharina die Große ins Leben rief. Bis zur Revolution war Petersburg ein Zentrum des russischen Kulturlebens, und auch heute muss die Stadt, deren Opern- und Ballettbühnen zu den besten der Welt zählen, sich in kulturellen Angelegenheiten nicht verstecken.

Zum 300. Geburtstag von St. Petersburg im Jahr 2003 wurden viele Gebäude renoviert – seither präsentiert sich die Stadt in neuem Glanz. Auch die Sommerresidenzen der Zaren in der Umgebung, wie Peterhof mit seinem wunderschönen Park und Zarskoje Selo mit dem Katharinenpalast, wurden aufwendig wiederhergestellt. Wer genügend Zeit hat, sollte auf jeden Fall auch die Stadtteile abseits des Zentrums erkunden, z. B. die Moskauer Vorstadt. Hier und auf den Märkten bekommt man einen Eindruck vom Petersburger Alltagsleben. Ich jedenfalls erkunde gern auch verstecktere Winkel, in der Hoffnung, die unergründliche russische Seele besser zu verstehen. Ich wünsche Ihnen, dass Sie zumindest einen Teil davon kennenlernen. Gute Reise!

Reisebarometer

10× richtig gut

Was macht St. Petersburg so besonders? Die ehemalige Zarenresidenz fasziniert Besucher vor allem durch ihren unglaublichen Reichtum an Kunstschätzen. Obendrein gibt es als einzigartiges Naturphänomen die Weißen Nächte.

Beeindruckende Architektur ●●●●●●
Adelspaläste, vielkuppelige Kirchen, romantische Brücken

Allgegenwärtiges Wasser ●●●●●○
Breite Uferpromenaden begleiten 68 Flussläufe und Kanäle mit einer Gesamtlänge von 160 km.

Kultur- und Eventangebot ●●●●●●
Das Mariinskij-Theater setzt immer noch Maßstäbe.

Museen und Besichtigungen ●●●●●●
3 Mio. Kunstwerke besitzt allein die Eremitage.

Kulinarische Vielfalt ●●●●○○
Zu Borschtsch und Blinis gesellen sich Kaukasus-Gerichte.

Spaß und Abwechslung für Kinder ●●●●○○
Staunen im Zirkus, Gruseln im Jussupow-Palais

Shoppingangebot ●●●●○○
Auf dem Newskij prospekt residieren auch Versace & Co.

Ausgehen ●●●●○○
In den Weißen Nächten wird die ganze Stadt zur Partyzone.

Ausflüge vor die Tore der Stadt ●●●●●○
Zarenschlösser und Künstlerdomizile am Ostseestrand

Preis-Leistungs-Verhältnis ●●●●○○
Der aktuelle Kursverfall des Rubels macht einen Besuch so erschwinglich wie lange nicht mehr.

● = gut ●●●●●● = übertrifft alle Erwartungen

50 Dinge, die Sie ...

Hier wird entdeckt, probiert, gestaunt, Urlaubserinnerungen werden gesammelt und Fettnäpfe clever umgangen. Diese Tipps machen Lust auf mehr und lassen Sie die ganz typischen Seiten erleben. Viel Spaß dabei!

... erleben sollten

1 Kaffeepause mit (Jugend-) Stil Im »Haus des Buches« › **S. 103** bekommt man auch schöne Postkarten, die man im Café Singer im obersten Stockwerk gleich schreiben kann – in Jugendstilambiente und mit traumhaftem Ausblick auf den Newskij prospekt.

2 Kahnpartie im Schlosspark Auf der bewaldeten Jelagin-Insel › **S. 125** im Newa-Delta werden Ruder- und Tretboote vermietet, mit denen sich der romantische Schlosspark auf dem Wasserweg erkunden lässt (www.elaginpark.org).

3 St. Petersburg von oben ... Als Wasserstadt, erbaut auf 42 Inseln, erlebt man die Newa-Metropole bei Helikopterrundflügen, die von Mai bis Oktober von der Peter-Paul-Festung › **S. 62** starten (Sa, So, Fei 11.30–18 Uhr, Tel. 611 0956, www.baltairlines.ru, ca. 75 €).

4 ... und von unten St. Petersburgs Metrostationen › **S. 101** wurden als Prestigeobjekt der Sowjetunion mit viel Stuck und Marmor, Kronleuchtern und Statuen ausgestattet. Die schönsten »Paläste für das Volk« findet man an der Linie 1.

5 Bohème in der Brotfabrik Galerien, Designshops, Filmvorführungen und schräge Happenings – im Loftprojekt Etagi › **S. 91** ist man am Puls der zeitgenössischen Kunstszene. Die Dachterrasse des Cafés Green Room bietet tolle Panoramablicke über die Stadt.

6 Popen-Singsang Weihrauchduft und Kerzen, prächtig gewandete Priester, goldglänzende Ikonen und vielstimmige Chorgesänge – ein orthodoxer Gottesdienst spricht alle Sinne an. Besonders eindrucksvoll sind die Messen in der Dreifaltigkeitskathedrale › **S. 115**.

7 Dostojewskij-Ambiente Etwa zweistündige, vom Dostojewskij-Museum › **S. 90** organisierte Spaziergänge entführen in ein St. Petersburg der Hinterhöfe, in dem Raskolnikow noch immer umherzuirren scheint (Tel. 571 40 31 oder 977 43 00, www.md.spb.ru).

8 Wellness auf Russisch Schwitzen in dichtem Kräuterdampf, Rückenklopfen mit Birkenzweigen, dann ein beherzter Sprung ins eiskalte Tauchbecken – das russische Banja-Ritual ist nichts für Feiglinge (u. a. Kasatschi Bani [D6], Bolschoi Kasatschi per. 11, www.kazbani.ru).

St. Petersburgs Metrostationen sind Paläste im Untergrund

9 Märchenhafte Ballettkunst Ein Abend im Mariinskij › S. 85 gibt Gelegenheit, Dornröschen einmal am Ort seiner Uraufführung zu erleben. Festliches Ambiente schafft der Zuschauerraum mit dem berühmten blauen Vorhang und dem imposanten Deckenleuchter, in der Pause wird Krimsekt ausgeschenkt.

10 Nächtliche Radtour Magische Momente beschert die White Night Bike Tour. Im Licht der Mitternachtssonne radelt man an der Newa entlang, während die Brücken sich langsam heben (22.30–2 Uhr, Termine unter www.peterswalk.com).

... probieren sollten

11 Stolle-Piroggen Das Stolle [C4] gilt als Topadresse für *piroschki* – hier bekommt man sie ofenfrisch und mit 20 verschiedenen Füllungen. Wie wäre es mit Steinpilzen – oder lieber süß mit Aprikosen (u. a. Newskij pr. 11, www.stolle.ru)?

12 Schwarzes Gold Die Caviar Bar im Grand Hotel Europe › S. 105 serviert auf silbernem Wagen und reichlich Eis eine Auswahl an Kaviarsorten wie Beluga, Sevruga und Ossietra – dazu gibt es Blinis und Wodka in Kristallgläsern.

13 Wässerchen Die größte Wodkaauswahl der Stadt hat das Restaurant Russkaja Rjumochnaja [B4] mit angeschlossenem Wodkamuseum. Die Grundlage schaffen *sakuski:* eingelegte Gurken und Pilze, Sprotten und kaltes Fleisch (Konnogvardejskij bulvar 4, www.vodkaroom.ru).

14 Pyschki Die frittierten Hefeteigkringel schmecken am besten frisch ausgebacken und mit Zucker bestreut. Man bekommt sie an speziellen Ständen, z. B. an der Bolschaja Konjuschennaja ul. 25 › S. 35.

15 Hering im Pelzmantel Wohnzimmerkneipen liegen im Trend – an eine sowjetische Kommunalka erinnert auch das Mari Vanna [E4], das auf russische Hausmannkost setzt.

Das Mammutbaby Dina lebte vor etwa 35 000 Jahren in Sibiriens Sümpfen

Neben Borschtsch und Blinis bekommt man hier auch Hering im Pelzmantel: einen Schichtsalat mit Hering, Rote Bete, Kartoffeln und Ei (Mytninskaya nab. 3, www.ginza.ru).

(16) **Sibirische Maultaschen** Pelmeni sind in der Regel mit Fleisch, manchmal auch mit Pilzen oder Gemüse gefüllt. Bei Pelmenya [E4] stehen auch *wereniki* auf der Karte, die süße Variante mit Früchten (nab. reki Fontanki 25).

(17) **Tortenträume** An Kalorien denken Russen meist erst, wenn es zu spät ist – entsprechend sahnelastig geht es im alteingesessenen Café Sever [E4] zu. Köstlich ist *kartoschka* (Kartoffel), eine Leckerei aus Kekskrümeln, Nüssen und Buttercreme (Newskij pr. 44, www.sever.spb.su).

(18) **Boeuf Stroganoff** Das nach der russischen Adelsfamilie Stroganoff benannte Ragout aus Rinderfiletspitzen schmeckt im Land seiner Herkunft noch besser. Im Restaurant Dostojewskij [F5] ist auch für das passende dekadente Ambiente gesorgt (Vladimirskij pr. 19, www.goldengarden.ru).

(19) **Beloschka** »Eichhörnchen« bedeutet der Name dieser Praline mit Haselnussfüllung, deren Verpackung selbst ein Kunstwerk ist. Eine weitere beliebte Schöpfung der Schokoladenfabrik Krupskaya [G4] ist Mishka na Severe, der Eisbär (Shop: Vostannija ul. 15, www.sladco.ru).

(20) **Russische Teekultur** Im Hotel Astoria › S. 83 wird der Tee im Samowar zubereitet und stilecht in Tassen der Kaiserlichen Porzellanmanufaktur serviert. Statt ihn zu süßen, isst man dazu mit kleinen Silberlöffelchen Warenje, eine dünnflüssige Konfitüre.

... bestaunen sollten

(21) **Überraschungsei** Ein Glanzstück des 2014 eröffneten Fabergé-Museums [E4] ist das Lorbeerbaum-Ei: Wenn man einen verborgenen Hebel betätigt, steigt ein Vogel aus der Blattkrone empor und singt (nab. reki Fontanki 21, Sa–Do 10–21 Uhr, www.fabergemuseum.ru).

(22) **Flottenparade** Im Miniaturmuseum Petrovskaya Aquatoria [C4] erlebt man Petersburg so, wie es im 18. Jh. aussah. Der Clou: Auf einer das Newa-Delta darstellenden Wasserfläche segeln über 100 Modelle von Schiffen der russischen Flotte umher (Malaja Morskaja ul. 4/1, tgl. 10–22 Uhr, www.peteraqua.ru).

(23) **Beatles-Tempel** In der Puschkinskaja 10 › S. 90 leben und arbeiten 40 Künstler. Das Museum für Nonkonformistische Kunst und Kolja Wasins Schrein mit Beatles-Devotionalien sind nur zwei Stationen auf einer Entdeckungstour weitab vom Mainstream.

(24) **Mammutmumien** Das Zoologische Museum [B3] ist das russische Zentrum der Mammutforschung und zeigt neben vollständigen Skeletten auch mehrere Mumien, von denen die des Mammutbabys Dina besonders gut erhalten ist (nab. Universitetskaja 1, Mi–Mo 11–18 Uhr).

(25) **Schwarzes Quadrat** Was später zu einer Ikone der Moderne werden sollte, malte Kasimir Malewitsch erstmals 1913 für das Bühnenbild der futuristischen Oper »Sieg über die Sonne«. Die Originalskizzen sind im Museum für Musik und Theater › S. 87 zu bewundern.

(26) **Wunderwerk der Mechanik** Zu besonderen Gelegenheiten wird die 240 Jahre alte, vergoldete Pfauenuhr im Pavillonsaal der Kleinen Eremitage › S. 77 in Gang gesetzt: Dann kräht der Hahn, die Eule blinzelt und der Pfau schlägt sein Rad.

(27) **Insel der Stille** Der Gunsetschoinei-Dazan am Primorskij prospekt ist Europas größter buddhistischer Tempel – ein friedlicher Ort für eine Pause. Im Garten stehen Gebetstrommeln, ein kleines Café serviert burjatische Gerichte (Nr. 91, http://dazan.spb.ru).

(28) **Walrösser** So nennt man in Petersburg die Eisbader, die im Winter bei der Peter-Paul-Festung › S. 62 in Eislöcher steigen, um ihren Körper zu stählen – schon beim Zuschauen fängt man an zu zittern …

(29) **SU-Lifestyle** Einblick ins Alltagsleben eines hohen KP-Funktionärs gibt die Wohnung von Sergej Kirow. Sie sieht noch genauso aus wie 1934, als der Stalin-Konkurrent unter ungeklärten Umständen ermordet wurde (Kamennoostrowskij pr. 26, www.kirovmuseum.ru).

(30) **Venedig des Norden** Kein Ort in Petersburg rechtfertigt diesen Namen mehr als die Stelle, wo der Gribojedow-Kanal in den Krjukow-Kanal mündet [B6]. Gleich sieben Brücken hat man hier im Blick – ein eindrucksvolles Fotomotiv!

… mit nach Hause nehmen sollten

(31) **Fabergé-Preziosen** Die Originale sind unerschwinglich, im Shop des Fabergé Museums › S. 14 bekommt man aber schöne Repliken – nicht nur von Fabergé-Eiern, sondern auch von anderen Glanzstücken der exquisiten Sammlung.

(32) **Walenki** Die Filzstiefel wärmen auch bei Temperaturen von minus 30° C. Allerdings sind sie nicht wasserdicht und haben keine Sohlen, weswegen man sie mit Galoschen trägt (u. a. Valenki [F3], Nekrasova ul. 52, www.valenky.spb.ru).

(33) **Uschanka** Die typischen Mützen mit Ohrenklappen gibt es in allen Varianten von erschwinglich bis edel. Für Ersteres ist der Souvenirmarkt hinter der Erlöserkirche › S. 105 die richtige Adresse, für Zweiteres z. B. Rot-Front (5/7 nab. reki Smolenki, www.meharf.ru).

(34) **Nordische Naturkosmetik** Russlands erste Biokosmetikserie Natura Siberica [G5] wird aus sibirischen Wildpflanzen hergestellt. Eine Wohltat für spröde Winterhände ist die Lotion mit Torfmoos- und Rosenwurz-Extrakten (Newskij pr. 108, www.naturasiberica.ru).

(35) **Märchenprinz auf Zauberpferd** Die filigranen Palecher Lackmalereien zeigen oft Märchenmotive. Man kauft sie man am besten in einem Fachgeschäft, wenn man ein Original erwerben möchte (z. B. La Petite Opera Gallery [D4], Mikhailovskaja ul. 1/7, www.lacquerbox.net).

(36) **Babuschka-Tücher** Wollene Schultertücher mit bunten Blumenmotiven, aber auch mit russischen Heiligen findet man im Shop der traditionsreichen Schalmanufaktur Pavloposadskie Platki [G5] (Newskij pr. 87/2, www.platki.ru).

(37) **Teeservice der Zaren** Markenzeichen der Kaiserlichen Porzellanmanufaktur [F5] ist das blauweiße Kobaltnetzdekor, aber auch Avantgardedesigns der 1920er-Jahre wurden neu aufgelegt. Eine Teetasse ist durchaus erschwinglich (Vladimirskij pr. 7, www.ipm.ru, ab 30 €).

(38) **Virtuoses Vibrato** CDs, Videos und Plakate von berühmten Aufführungen bekommt man im Shop des Mariinskij-Theaters › S. 85 – wie wäre es mit Mozartarien von Anna Netrebko, die hier 1994 in Mozarts »Hochzeit des Figaro« debütierte?

(39) **Selbstbemalte Matroschka** Matroschkas kaufen kann jeder – bei den Workshops der Fossart Gallery [C4] kann man die Schachtelpüppchen unter Anleitung einer Künstlerin nach eigenem Geschmack verzieren (Bolschaja Morskaja ul. 19, www.matryoshkamc.ru).

(40) **Mut zur Schlichtheit** Alena Akhmadullina heißt der neue Stern am russischen Modehimmel. Dem Hang zum Körperbetonten, in ihren Augen Modesünde Nr. 1 russischer Frauen, begegnet die Petersburger Designerin mit lässiger Eleganz (Stockmann [G5], Newskij pr. 114, www.alenaakhmadullina.com).

... bleiben lassen sollten

(41) **Zu optimistisch packen** St. Petersburg hat ein wechselhaftes Klima, Niederschläge sind an der Tagesordnung, und es gab auch schon Schnee im August – immerhin liegt die Stadt auf dem gleichen Breitengrad wie der Süden Grönlands.

(42) **Ikonen kaufen** Die Ausfuhr von Antiquitäten und Kunstgegenständen aus der Zeit vor 1945 ist grundsätzlich verboten. Gleiches

In den Weißen Nächten ist die Palastbrücke ein besonderer Anziehungspunkt

gilt für nationales Kulturgut, wozu z.B. auch originale Medaillen und Orden aus der Sowjetzeit zählen.

43 Brückenöffnung vergessen Im Sommer werden nach 1 Uhr viele Brücken hochgeklappt, um große Schiffe durchzulassen. Wer dann auf der falschen Seite ist, muss bis zum Morgen ausharren, bevor er ins Hotelbett sinken kann.

44 Kirchenbesuch im Top Auf angemessene Kleidung wird in St. Petersburg großer Wert gelegt, besonders beim Kirchenbesuch. Die sonst beliebten tiefen Dekolletés und kurzen Röcke sind hier verpönt.

45 Leitungswasser trinken Das gilt sogar für Hotels der obersten Kategorie. Man kann nie sicher sein, was aus den Hähnen fließt, daher auch zum Zähneputzen besser Wasser aus Flaschen verwenden.

46 Frauen die Hände schütteln Die Begrüßung per Handschlag ist in Russland nur unter Männern üblich. Frauen nickt man zu und lächelt – alles andere sorgt nur für befremdetes Stirnrunzeln.

47 Achtlos Straßen queren Fußgänger sind in St. Petersburg Freiwild – selbst wenn kein Alkohol im Spiel ist wie beim Kripochef, der mit 1,2 Promille einen Passanten umfuhr.

48 Gleichgeschlechtlich flirten Die Akzeptanz schwuler und lesbischer Beziehungen ist in der russischen Gesellschaft gering – Zurückhaltung schützt vor Übergriffen.

49 In der Metro rauchen 44 Mio. Russen qualmen – mit den bekannten gesundheitlichen Folgen. 2013 wurde daher ein Gesetz erlassen, das das Rauchen in und vor öffentlichen Gebäuden bei Strafe untersagt.

50 Polit-Talk Nicht erst seit dem Ukrainekonflikt bringt man ein Gespräch schnell zum Stocken, wenn man allzu frei seine politische Meinung kundtut. Weiter kommt man mit Zuhören und Diplomatie.

Was steckt dahinter?

Die kleinen Geheimnisse sind oftmals die spannendsten. Wir erzählen die Geschichten hinter den Kulissen und lüften für Sie den Vorhang.

Was bedeuten die Lautsprecher am Haus Newskij prospekt 54?

An der Ecke Newskij prospekt/Malaya Sadovaya uliza sind einige Lautsprecher installiert, die an die Blockade Leningrads durch die Deutsche Wehrmacht erinnern. Von 1941 bis 1944 dauerte die Belagerung, bei der mehr als 1 Mio. Zivilisten ums Leben kamen. Da das Radio aufgrund der schlechten Versorgungslage nicht regelmäßig senden konnte, wurden wichtige Informationen per Lautsprecher bekannt gemacht. Jedes Jahr am 8. September, dem Beginn, sowie am 27. Januar, dem Ende der Blockade, wird durch diese Lautsprecher ein regelmäßiges Klopfen gesendet, dass an den Taktschlag eines Metronoms erinnern soll. Es wurde während der Blockade in den langen Programmpausen des Radios gesendet und war für zahllose isolierte Einwohner das einzige Lebenszeichen in einer langsam aussterbenden Stadt.

Woran erinnert die kleine Vogelfigur an der Fontanka?

Die Studenten der Juristischen Akademie trugen vor der Revolution eine grüne-gelbe Uniform, die ihnen den Spottnamen »Zeisig« einbrachte. Nicht selten wurden sie wegen ihres Aufzugs gehänselt, sogar Lieder wurden über sie gesungen. Eines hat sich bis heute erhalten, fast jeder Petersburger kennt es: »Chizhik-pyzhik, gde ty byl? Na Fontanke vodku pil. Vypil ryumku, vypil dve — Zakruzhilos'-v golove.« (»Zeisig-Kitz, wo bist du gewesen? An der Fontanka, trank Wodka. Trank ein Glas, trank zwei – in meinem Kopf drehte es sich.«) Auf diese »Zeisige« spielt die winzige Skulptur an der Ersten Ingenieursbrücke (Pervy Inzhenerny most) am Zusammenfluss von Moika und Fontanka an. Heute werfen Passanten Münzen auf den Sockel der Bronzefigur. Wenn die Münze liegen bleibt, darf man sich etwas wünschen.

Warum hängt am Haus Vosnesenskij prospekt 36 eine Nase?

An der Fassade des Hauses ist eine Gedenktafel mit einer marmornen Nase angebracht – wie der Bronzezeisig an der Fontanka ein Werk des georgischen Künstlers Rezo Gabriadze. Sie erinnert an die surreale Erzählung »Die Nase« von Nikolai Wassiljewitsch Gogol, in der die Hauptfigur, Kollegienassessor Kowaljow, ihre Nase verliert und dieser später auf dem Newskij prospekt wieder begegnet, in die Uniform eines Staatsrats gekleidet. Die Tafel wurde schon mehrfach gestohlen – seitdem heißt es jedesmal, wenn sie wieder verschwunden ist, dass die Nase im Augenblick spazieren geht – genau wie in der Erzählung.

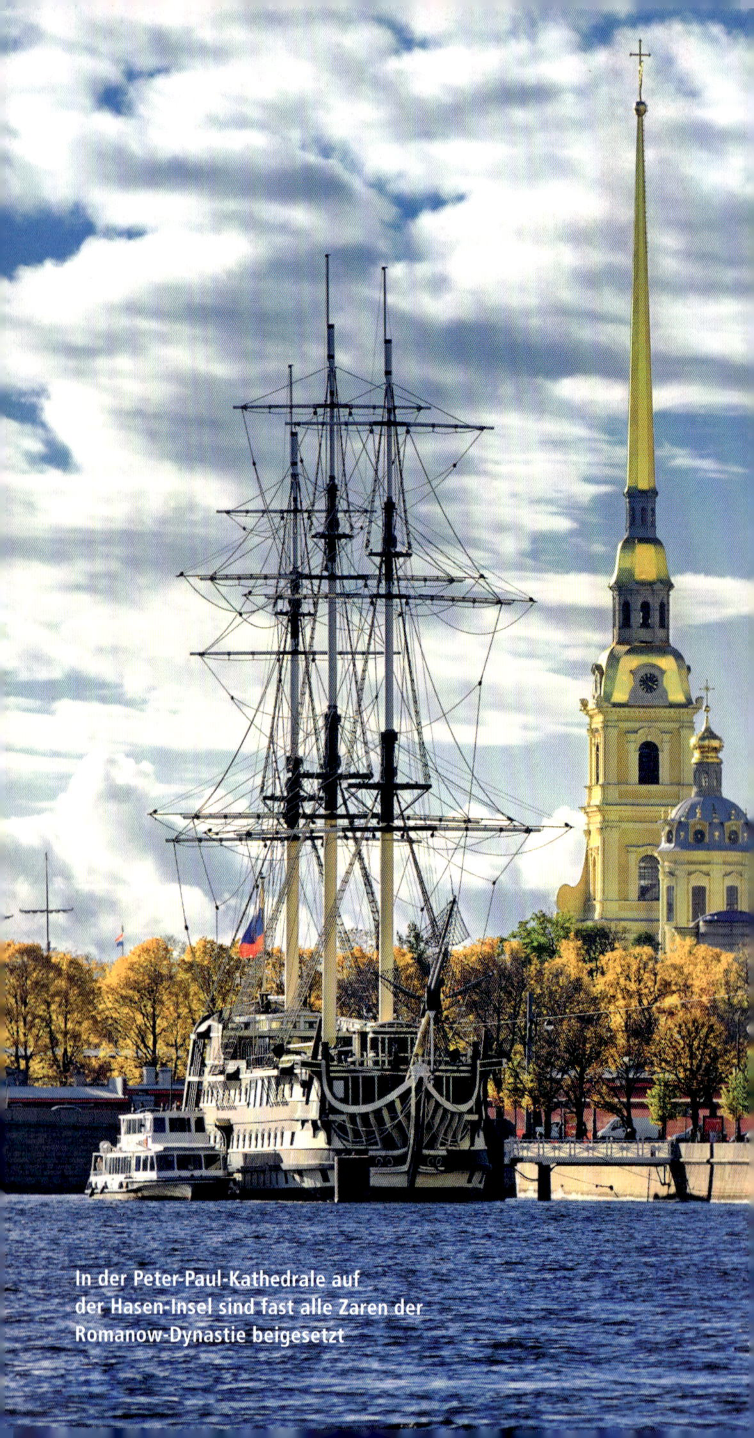

In der Peter-Paul-Kathedrale auf
der Hasen-Insel sind fast alle Zaren der
Romanow-Dynastie beigesetzt

REISE-PLANUNG & ADRESSEN

Die Stadtviertel im Überblick

St. Petersburg besitzt auf engstem Raum quasi alle Sehenswürdigkeiten, die man sich in einer Stadt nur vorstellen kann. Dabei erscheint die zweitgrößte Stadt Russlands zunächst unüberschaubar, ist aber aufgrund ihrer Gliederung in sogenannte Seiten und Rayons leicht zu erkunden.

Ein besonderes Flair aus der Zeit der Stadtgründung umweht die **Petrograder Seite** mit der Peter-Paul-Festung auf der Hasen-Insel, die den Schweden in der Newa-Mündung Paroli bieten sollte. Auf der benachbarten Wassiljewskij-Insel entstanden die ersten steinernen Paläste des Reiches.

Die **Moskauer Seite** zeigt die Vielfalt der Stadt. Beeindruckend ist schon die Prachtentfaltung um den Schloss- und Senatsplatz mit dem Winterpalais und der markanten goldenen Turmspitze der Admiralität im Zentrum. Sichtachse und Magistrale ist der Newskij prospekt, auf dem sich noch heute Handel und Wandel abspielt: sei es im riesigen Kaufhaus Gostinnyj dwor oder in den flankierenden Kirchen wie der Kasaner Kathedrale. Weitere Facetten zum Gesamtbild tragen der ruhige Sommergarten bei und eine Bühne von Weltrang: Die Ballett- und Opernaufführungen im Mariinskij-Theater setzen in der Kunstwelt noch immer Maßstäbe.

Im südlich anschließenden **Zentralen Rayon** spürt man den Hauch der Geschichte im Wechselbad zwischen zwei Heiligtümern der russischen Orthodoxie, dem Smolnyj-Institut und dem Lawra-Kloster.

Abseits des Zentrums kann man sich im Nordwesten auf der Stein- und Jelagin-Insel im **Newa-Delta** zwischen den Flussarmen der Newa erholen oder den Petersburger Jugendstil an einigen Villen bewundern. In der **Moskauer Vorstadt** wird man am Platz des Sieges mit Zeugnissen eines weiteren – wenn auch traurigen – Geschichtskapitels der Stadt konfrontiert: dem Gedenken an die 900-tägige Blockade im Zweiten Weltkrieg, das auf dem Piskarowskoje-Friedhof im Nordosten in Stein gemeißelt ist.

Daran gedacht?

Einfach abhaken und entspannt abreisen

- ☐ Reisepass einstecken
- ☐ Flug-/Bahntickets
- ☐ Kreditkarte
- ☐ Ladegerät und Netzkabel für Handy, Kamera, Tablet
- ☐ Regenbekleidung
- ☐ Kopftuch für Kirchenbesuche
- ☐ Sitter für Haustiere und Pflanzen beauftragen
- ☐ Zeitungsabo umleiten bzw. abbestellen
- ☐ Leeren des Briefkastens organisieren
- ☐ Wasserhaupthahn abdrehen
- ☐ Fenster schließen

Klima & Reisezeit

Charakteristisch für St. Petersburg sind schnelle Wetterumschwünge. Unabhängig von der Jahreszeit kann aus einem strahlenden Sonnentag schnell ein windiger Regen- oder Schneetag werden oder umgekehrt.

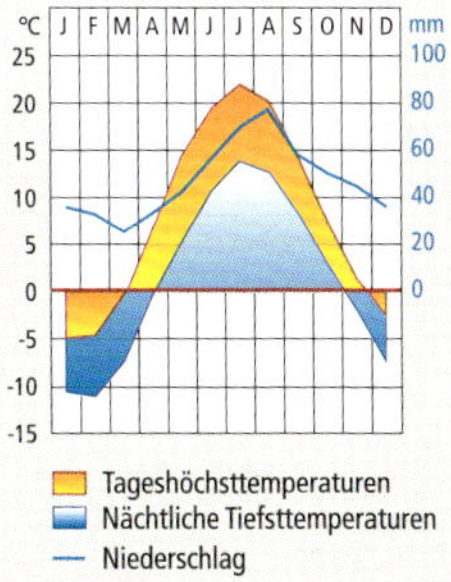

Dabei sind die Sommer nur mäßig warm, in den Monaten Juni bis August steigt das Thermometer tagsüber auf 19–22 °C und fällt nachts wieder auf 10–14 °C. Vor Hitze braucht man sich also nicht zu fürchten, auch wenn es bereits im Mai zu Temperaturen von über 30 °C kommen kann.

Richtig kalt und häufig mit weißen Schneehauben garniert präsentiert sich die Stadt dann von Anfang November bis Mitte April, wobei Dezember und Januar mit Extremtemperaturen von bis zu –30 °C die kältesten Monate sind (durchschnittliche Werte zwischen –4 °C und –8 °C).

Bei der Wahl des Reisedatums sollte man Feiertage und wichtige Feste und Veranstaltungen › **S. 52** berücksichtigen, an denen großer Andrang herrscht. Eine Attraktion sind die Weißen Nächte › **S. 54** im Juni.

Anreise

Mit dem Flugzeug

Der Flughafen Pulkowo 2 liegt 17 km südlich vom Stadtzentrum (Info-Tel. 812/337 38 22, 337 34 44, www.pulkovoairport.ru) – hier landen die meisten internationalen Flüge. Lufthansa und Aeroflot fliegen St. Petersburg von Frankfurt/Main, Düsseldorf, München und Hamburg aus an, Rossija Airlines von Berlin, Düsseldorf, Hamburg und Wien, S7 Airlines von Berlin, Austrian Airlines von Wien und Swiss von Zürich. Sehr günstig sind Umsteigeflüge von airBaltic über Rīga.

Offizielle Taxis (gelbkariertes Schild auf dem Dach) vom Flughafen ins Stadtzentrum kosten 900–1100 Rubel. Viel billiger sind die City-Busse 39A und 39 Ex sowie das Minivan Taxi (Marschrutka) K39 bis Ⓜ Moskowskaya (25–36 Rubel). Von dort hat man Anschluss in die Innenstadt.

Mit Bahn und Bus

Mehrmals wöchentlich gibt es Zugverbindungen von Berlin (ab Haupt- oder Ostbahnhof) nach St. Petersburg, mit Umsteigen in Warschau und/oder Minsk (ca. 31–39 Std., je nach Umsteigezeit). Achtung: Man benötigt zwingend ein vorher zu beantragendes Transitvisum für Weißrussland!

Empfehlenswerter sind Billigflüge in die baltischen Metropolen. Von Tallinn fahren dann komfortable Busse von Lux Express (www.luxexpress.eu) 4- bis 5-mal tgl. in 8 Std., von Rīga 2-mal tgl. in 12 Std. nach St. Petersburg.

Mit dem Schiff

Von Travemünde verkehrt Finnlines (www.finnlines.com) 6-mal wöchentlich in rund 28 Std. nach Helsinki, von wo Hochgeschwindigkeitszüge in 4,5 Std. nach St. Petersburg fahren. Den Passagierverkehr von Rostock nach Helsinki hat Finnlines vorübergehend ausgesetzt. Dies kann sich nach Angaben des Anbieters aber kurzfristig ändern. Die Fährstrecke von Helsinki nach St. Petersburg bedient St. Peter Line (www.stpeterline.com).

Mit dem Kfz

Obwohl in Russland schon zahlreiche neue Schnellstraßen gebaut worden sind und das Tankstellennetz erheblich ausgeweitet wurde: Schlaglöcher, kreuzende Schienen, die über die Asphaltdecke ragen, Kanaldeckel, die sehr viel tiefer liegen oder fehlen (markiert nur durch einige herausragende Zweige!) erfordern bei einer privaten Kfz-Reise erhöhte Aufmerksamkeit. Man sollte ausgewiesene Transitstraßen nach St. Petersburg benutzen – über Helsinki und Wyborg etwa 150 km, von Narva über Pabirke etwa 140 km von der jeweiligen Grenze aus – und nach Einbruch der Dunkelheit nicht mehr mit einem Auto mit westlichem Kennzeichen unterwegs sein. Dagegen sind die Zeiten des großen Autoklaus inzwischen endgültig vorbei, und alle großen Hotels verfügen zudem über bewachte Parkplätze.

Stadtverkehr

Metro

Die Metro (www.metro.spb.ru) ist das schnellste und zuverlässigste Verkehrsmittel › **Seitenblick S. 101**. Zur Stoßzeit (16.30–19 Uhr) herrscht großes Gedränge. Tickets werden am Eingang der Metrostationen verkauft (45 Rubel; es gibt auch auch Dreitages-, Wochen- und Monatskarten).

Die Metro ist auch nachts (Betrieb bis 24 Uhr) ein sicheres Verkehrsmittel; abgelegene Zugänge sollte man jedoch meiden. Taschendiebe nutzen mitunter das Gedränge in den Stoßzeiten aus. Dafür bekannt sind die Bahnhöfe Ⓜ Newskij prospekt/Gostinnyj dwor und Ⓜ Pl. Wosstanija/Majakowskaja. Grundsätzlich gilt: Taschen, Rucksäcke und Fotoapparate seitlich am Körper tragen und mit dem Ellenbogen festklemmen. Geldbörsen und Ausweise gehören nicht in die Gesäßtasche. Ohnehin lässt man Pässe am besten im Hotel, zur Legitimation genügt die jeweilige Hotelkarte mit Anschrift bzw. eine Fotokopie des Dokuments.

St. Petersburgs schönste Seiten lernt man bei einer Bootstour kennen

Bus, Trolleybus und Straßenbahn

Busse, Trolleybusse und Straßenbahnen sind meist hoffnungslos überfüllt. Die preisgünstigen Fahrscheine (40 Rubel) erhält man beim Schaffner, der zu den Fahrgästen kommt. Seit einiger Zeit verkehren darüber hinaus Sammeltaxis bzw. Kleinbusse *(marschrutki)*. Man hält sie per Handzeichen an und gibt Bescheid, wenn man am Ziel ist.

Für einen Ausflug in die nähere Umgebung benutzt man am besten die *elektritschka*, den Vorortzug. Fahrkarten bekommt man an den Schaltern der Bahnhöfe, bequemer aber in Reisebüros.

Taxi

Vor allem vor den großen Hotels und am Newskij prospekt findet man Taxis. Falls der Wagen kein Taxameter hat, sollte man den Preis vor Fahrtantritt aushandeln. Russen halten oft auch Privatwagen *(tschastniki)* an und feilschen mit dem Fahrer um den Preis. Ausländer sollten sich Fahrern ohne Lizenz aber nur im Notfall und nach vorheriger Absprache anvertrauen. Auch bei offiziellen Taxis sollte man die Fahrer unterwegs keine weiteren Fahrgäste einsammeln lassen. Taxis können u. a. unter Tel. 777 17 77 (englischsprachig) oder 068 gerufen werden.

Schiff

Von Mai bis September legen an der Anitschkow-Brücke Schiffe zu einer Fahrt auf der Fontanka, der Moika und dem Krjukow-Kanal ab (Dauer 60–90 Min., 600–800 Rubel). Zu interessanten Rundfahrten auf der Newa starten Schiffe vom Anleger vor der Eremitage. Sie fahren bis nach Peterhof. Während der Weißen Nächte findet man ferner Boote an der Mündung des Gribojedow-Kanals in die Moika.

SPECIAL

Mit Kindern in der Stadt

Russen sind generell sehr gast- und kinderfreundlich! Kinder genießen in der Gesellschaft einen hohen Stellenwert, entsprechend wird bereits bei der Ankunft im Hotel alles getan, um den Kleinen den Aufenthalt zu versüßen, und zwar im wahrsten Sinne des Wortes.

Spaß und Spannung für Kinder

Die Hauptattraktion für Kinder war und ist in Russland der Zirkus, jeder kennt Clownlegende Oleg Popow. Diesem Umstand Rechnung tragend besitzt St. Petersburg – wie jede größere Stadt im Lande – ein festes Zirkusgebäude: Der **Ciniselli** › **S. 92** ist Spielstätte des Bolschoi-St.-Petersburg-Staatszirkus.

- **Zirkus Ciniselli** [E4]
  nab. reki Fontanki 3 | Tel. 570 52 66
  www.circus.spb.ru
  Vorstellungen Mo–Mi, Fr unregelmäßig, Do, Sa, So meist 15 und 19 Uhr

Eine weitere Attraktion sind Aufführungen des traditionsreichen und beliebten **Demmeni-Marionettentheaters** für Kinder im »Schröder-Haus« am Newskij prospekt, Ecke Sadowaja uliza (gegenüber der Russischen Nationalbibliothek).

- **Demmeni-Marionettentheater** [F3]
  Newskij pr. 52 | Tel. 571 19 00
  Vorstellungen i. d. R. 11 und 14 Uhr

Für Kinder, die das Gruseln wie beispielsweise im Hamburg oder London Dungeon lieben, ist der **Jussupow-Palais** › **S. 84** ein spannendes Erlebnis. Im Keller des auch ansonsten sehr sehenswerten Palasts ist die Vergiftung Grigorij Rasputins nachgestellt, die sich hier zugetragen hat. Die mysteriöse Umgebung und die schaurige Geschichte sorgen für Gänsehaut.

- **Jussupow-Palais** [B5]
  nab. reki Moiki 94 | Tel. 314 98 92
  Tgl. 11–17 Uhr

 Familienspaß beim Eislaufen auf dem Schlossplatz

Museumsbesuche sind Kindern meistens zu langweilig, außer es gibt viel Unbekanntes zu sehen, und dieses wird dazu auch noch vorgeführt. Im Museum für Musikinstrumente im **Scheremetjew-Palais** › S. 91 werden allerlei exotische und wunderliche Musikinstrumente vorgestellt. Selbst Probieren ist hier ausdrücklich erlaubt!

- **Museum für Musik** [F4]
  Dvorez Scheremetjewa
  nab. reki Fontanki 33 | Tel. 272 44 41

Für Mädchen könnte ein Besuch des **Mariinskij-Theaters** › S. 85 ein ganz besonderes Erlebnis sein, denn in zahlreichen Ballettaufführungen tanzen Schülerinnen und Schüler der berühmten, 1738 gegründeten **Vaganova-Ballettakademie** in der Rossi-Straße mit, in der schon solche Größen wie Galina Ulanowa, Anna Pawlowa oder Rudolf Nurejew unter der Anleitung von Michel Fokine oder Marius Petipa das Tanzen erlernt haben.

Nicht nur für kleine Jungen dürfte dagegen die Besichtigung des historischen **Eisbrechers »Krassin«** ein Abenteuer sein. Kurz vor seinem 100. Geburtstag im Jahr 2017 wurde er gründlich restauriert und steht Besuchern nun im Rahmen von stündlich stattfindenden Führungen zur Besichtigung offen.

- **Museum Eisbrecher Krassin**
  nab. Leytenenta Shmidta | 23. Linija
  Tel. 325 35 46
  www.krassin.ru
  Mi–So 11–18 Uhr, am letzten Mi im Monat geschlossen

Bootsfahrten › S. 144 kommen natürlich auch bei Kindern immer gut an. Weniger vielleicht die Kanaltouren als vielmehr die Rundfahrten auf der – teils recht bewegten – Newa und an deren Mündung in den Finnischen Meerbusen. Auch eine Tragflächenbootfahrt › S. 131 dürfte Abenteuer auf dem Wasser bieten. Der Bootsanleger für Kanaltouren befindet sich am Gribojedow-Kanal, Ecke Newskij prospekt, der Anleger für Fahrten auf der Newa vor der Eremitage.

Besser nicht: Am und um den Newskij prospekt bieten Reiter – z. T. sogar Kinder – ihre gesattelten Pferde für kurze geführte Ritte auf dem Gehweg an. Abgesehen von der Behinderung der Fußgänger ist die Unfallgefahr durch die Straße, Stolperstellen und Brückengeländer unkalkulierbar. Daher sollte man besser darauf verzichten.

Clown-Akrobatik im Zirkus Ciniselli

Unterkunft

Wer als Individualtourist anreist, sollte bereits von zu Hause aus ein Hotelzimmer buchen. Die Auswahl an Unterkünften wächst von Jahr zu Jahr, auch immer mehr Mittelklassehotels bereichern inzwischen die Petersburger Hotellandschaft.

Als Individualtourist ist für die Nacht im Einzelzimmer mit 60–240 € zu rechnen, im Doppelzimmer mit 90–250 €. Trotz der hohen Preise darf man, abgesehen von den Luxushotels, beim Komfort nicht immer unbedingt europäischen Standard erwarten. Meist sind die Zimmer mit Bad, Telefon und Fernseher ausgestattet, die Einrichtung ist mitunter etwas altmodisch. Bei der Ankunft ist der Pass zwecks Registrierung abzugeben.

Luxushotels

Art-Hotel Rachmaninov €€€ [D4]
Romantisches Boutiquehotel, dessen Antiquitäten des »Silbernen Zeitalters« an einen Petersburger Salon aus dem 19. Jh. erinnern. Hier residierte der namensgebende berühmte Komponist 1884–85. Empfehlung: Buchen Sie das besonders schöne Studio Luxe, wo Rachmaninow arbeitete.
- Kasanskaja ul. 5
191186 St. Petersburg | Tel. 571 97 78
www.hotelrachmaninov.com

Astoria €€€ [C4]
Das traditionsreiche Jugendstilhotel der Rocco-Forte-Gruppe erhielt mit der Restaurierung in den 1990er-Jahren seine frühere Noblesse zurück. Die Zimmer sind geräumig, teils mit Blick auf die Isaakskathedrale. **50 Dinge** (20) › S. 14.
- Bolschaja Morskaja ul. 39
190000 St. Petersburg | Tel. 494 57 57
www.roccofortehotels.com

Grand Hotel Europe €€€ [D4]
Ältestes Hotel der Stadt und erstes russisches 5-Sterne-Hotel. Zum Teil noch originales Jugendstildekor. Besticht durch diskreten Luxus. **50 Dinge** (12) › S. 13.
- Michailowskaja ul. 1/7
(Ecke Newskij prospekt)
191186 St. Petersburg | Tel. 329 60 00
www.belmond.com

Kempinski Hotel Moika 22 €€€ [D3]
Kempinski-Hotel an der Moika, in einem originalgetreu rekonstruierten Stadtpalast aus dem 19. Jh., mit elegantem Teesalon im 1. Stock und Restaurant auf der Dachterrasse.
- nab. reki Moiki 22
191186 St. Petersburg | Tel. 335 91 11
www.kempinski.com

W Hotel €€€ [C4]
Das 2011 eröffnete Designhotel der Starwood-Gruppe ist wohl aktuell die coolste Luxusunterkunft von St. Petersburg. Toller Dachterrassenblick von der **MiXup Bar,** das Restaurant **MiX** zählt zu den Topadressen der Stadt. **Bliss Spa** mit Innenpool und russischer Banja.
- Wosnesenskij pr. 6
190000 St. Petersburg | Tel. 610 61 61
www.wstpetersburg.com

Moderner Komfort hinter historischer Fassade im Astoria

Mittelklassehotels

Viele Häuser dieser Kategorie sind auf die Abfertigung großer Gruppen ausgerichtet. Oft mangelt es an Komfort und Service. Es gibt aber Ausnahmen:

Bratja Karamasowy €€ [E6]
Sehr nettes kleines Mittelklassehotel im Dostojewskij-Viertel.
- Sotsialistitscheskaja ul. 11a
  191119 St. Petersburg | Tel. 335 11 85
  www.karamazovhotel.ru

Helvetia Hotel & Suites €€ [F5]
Sehr sympathisches Hotel mit ruhigen, schönen Zimmern in einem Hinterhof.
- Marata ul. 11
  191025 St. Petersburg | Tel. 326 53 53
  https://helvetiahotel.ru

Novotel St. Petersburg Centre €€ [F4]
Das 4-Sterne-Haus im Zentrum, nach Plänen des renommierten russischen Architekturbüros Mamoshin erbaut, will den Geist klassischer italienischer Bauten in zeitgenössischem Gewand wiederbeleben.
- Majakowskogo ul. 3a
  191025 St. Petersburg | Tel. 335 11 88
  www.novotel.com

Oktjabrskaja €€ [G4]
Zentral am Anfang des Newskij prospekt gegenüber dem Moskauer Bahnhof gelegen, eine umfassende Renovierung hat fur soliden 3-Sterne-Komfort gesorgt.
- Ligowskij pr. 10/118
  191025 St. Petersburg | Tel. 578 15 15
  www.oktober-hotel.spb.ru

Petro Palace €€ [C4]
Einen Steinwurf vom Schlossplatz entfernt bietet das 4-Sterne-Hotel hinter seiner Jahrhundertwende-Fassade gehobenen Mittelklassekomfort mit Pool und Panoramabar in der 7. Etage.
- Malaja Morskaja ul. 14
  190000 St. Petersburg | Tel. 571 30 06
  www.petropalacehotel.com

Prestige Hotel Center €€ [C4]
Neueres Hotel in unschlagbarer Lage gleich an der Admiralität.
- Gorochowaja ul. 5
 190000 St. Petersburg | Tel. 312 04 05
 www.c-hotel.ru

Rossi Hotel €€ [E5]
Neueres Hotel in einem schön restaurierten Gebäude am Fontanka-Kanal, individuell eingerichtete Designerzimmer.
- nab. reki Fontanki 55
 191023 St. Petersburg | Tel. 635 63 33
 www.rossihotels.com

! Erstklassig

Charmante Minihotels

- **Alexander House** €€€ [B6]
 Das umweltfreundlichste Minihotel der Stadt.
 nab. kanala Krjukowa 27
 190068 St. Petersburg
 Tel. 334 35 40 | http://a-house.ru
- **Casa Leto** €€€ [C4]
 Fünf mit Antiquitäten und Kingsize-Betten möblierte Zimmer.
 Bolschaja Morskaja ul. 34
 190068 St. Petersburg
 Tel. 600 10 96 | www.casaleto.com
- **Pjatyj Ugol** €€ [E5]
 Renovierte, freundliche Zimmer.
 Sagorodnij pr. 13
 191002 St. Petersburg
 Tel. 407 81 81 | www.5ugol.ru
- **Hotel Abazhur** € [D5]
 Sieben Zimmer in einem historischen Haus an der Fontanka.
 nab. reki Fontanki 86/2
 191002 St. Petersburg
 Tel. 315 80 27 | www.abat-jour.ru

Privatunterkünfte

Das Angebot an Privatzimmern (ca. 20–30 €/Nacht) ist groß. So lernt man gut Land und Leute kennen, muss aber beim Komfort Abstriche machen.

B & B Randhouse €€ [C4]
Drei moderne Minihotels im Zentrum, hervorragend gelegen. Vermietet wird außerdem ein komfortables Appartement.
- Bolschaja Morskaja ul. 25
 190000 St. Petersburg | Tel. 102 00 02
 www.randhouse.ru

B & B Swiss Star €€ [D6]
Von Schweizern geleitete, gemütliche Pension direkt an der Fontanka, acht helle, modern eingerichtete Zimmer.
- nab. reki Fontanki 93/26
 190031 St. Petersburg | Tel. 929 27 93
 www.swiss-star.ru

Hostels

Hostelworld
Internationale Buchungsseite, die 147 Hostels in St. Petersburg vermittelt:
- www.german.hostelworld.com

Soul Kitchen Junior Hostel € [C5]
Gilt als bestes Hostel der Stadt: Freundlich, zentral, ruhig und sehr gemütlich.
- nab. reki Moiki 62/2 | Apt. 9
 190000 St. Petersburg
 Tel. 965 816 34 70
 www.soulkitchenhostel.com

Nord Hostel € [C4]
Sympathische und preiswerte Unterkunft im Zentrum.
- Bolschaja Morskaja ul. 10
 191186 St. Petersburg | Tel. 571 03 42
 www.nordhostel.com

Essen & Trinken

Trotz vielfältiger Einflüsse ist die russische Küche einfach geblieben, aufwendige Rezepte kennt sie kaum. Dafür ist sie umso unverfälschter und üppiger, was auch den einen oder anderen Wodka nahelegt.

Die Mahlzeiten

Der Tag fängt in Russland recht üppig an: Zum Frühstück gibt es *kascha* – Buchweizengrütze, Grieß- oder Hirsebrei, auch gekochte Haferflocken mit Milch und Butter –, Eier, Omeletts, Käse und Wurst, heiße Würstchen sowie Joghurt und *smetana,* fetten Sauerrahm. Dazu trinkt man Tee oder Kaffee.

Zu Mittag geht es dann mit drei oder vier Gängen reichhaltig weiter: Den Auftakt macht dabei eine warme Suppe. Die beliebtesten Suppen sind *borschtsch* mit Paprika, roter Bete, Tomaten, Kohl und *smetana; schtschi,* eine weiße Kohlsuppe mit Fleisch; *ucha,* eine Fischsuppe; *soljanka,* Zwiebeln, eingelegte Gurken, Kartoffeln, Fisch oder Fleisch, mit einer Zitronenscheibe garniert. Im Sommer wird *botwinja* aufgetischt. Für diese kalte Suppe wandern *kwas* › **S. 32**, Räucherfisch, Gurken und Rettich in den Topf.

Unentbehrlich auf jedem russischen Mittagstisch ist Brot, denn »Ohne Brot ist der Tisch nur ein Brett« lautet ein Sprichwort. Mit Fleisch, Fisch oder Huhn geht es beim Hauptgericht weiter; dazu gibt es meist Kartoffeln, Gemüse oder Salat. Beliebt sind auch Spezialitäten der Regionalküchen, vieles davon stammt aus den kaukasischen Ländern: georgisches *schaschlik*, *Saziwi*-Hühnchen in Walnusssoße, das mit Käse gefüllte Fladenbrot *chaschapuri* oder armenisch-türkische *Dolma*-Speisen, mit Hackfleisch, Tomaten, Gurken und Paprika gefüllte Weinblätter.

Zum Nachtisch kommen Kuchen, Eis, *bliny* (dünne Pfannkuchen) mit Marmelade, Quark oder Kompott, *kisjel* (eingedickte frische Beeren) oder Kekse auf den Tisch.

Getränke

Das beliebteste alkoholische Getränk in Russland ist der Wodka. Keine Feier findet ohne das »Wäs-

Populärer russischer Eintopf: Soljanka

serchen« statt, kein festliches Essen, ohne dass nicht mehrere Male ein randvolles Gläschen auf einen Trinkspruch hin geleert wird.

Neben Wodka erfreut sich vor allem das russische Bier großer Beliebtheit. Man trinkt es nach Feierabend am liebsten auf der Straße. Zu den beliebtesten einheimischen Alkoholika gehören weiterhin ukrainische Dessertweine, Weinbrand aus Armenien oder Georgien sowie Krimsekt. Längst findet man in Spirituosenläden und auf den Getränkekarten der Restaurants aber auch eine gute Auswahl an internationalen Weinen.

An nichtalkoholischen Getränken werden Softdrinks, Fruchtsäfte und Mineralwasser angeboten, das mitunter salzig oder nach Schwefel schmecken kann. Eine besonders im Sommer beliebte Erfrischung ist das russische Nationalgetränk *kwas,* ein leicht vergorenes Gebräu aus getrocknetem Schwarzbrot mit Hefe und Honig. Beliebt zu allen Gelegenheiten ist aber auch nach wie vor eine gute Tasse Tee.

SEITENBLICK

Ein Geschenk des Zaren

Zar Peter der Große war ein großer Freund des Wodkas. Als der Turmhelm der Peter-Paul-Kathedrale ausgebessert werden musste, suchte und fand er einen Handwerker, der bei 121 m Turmhöhe auch schwindelfrei war. Zum Dank schenkte ihm der Zar einen goldenen Becher, mit dem er in jeder Schenke des Landes Wodka bis zum Rand eingeschenkt bekam. Als ihm der Becher jedoch gestohlen wurde und er einen Ersatz erbat, bekam er stattdessen eine Tätowierung an den Hals. Seitdem bedeutet das Schnipsen mit Daumen und Zeigefinger an die rechte Halsseite: »Lasst uns ein Wässerchen trinken!« Übrigens: Wenn man Wodka bestellt, heißt das »Wässerchen« *wodka* (oder *wodotschka,* Betonung auf der 1. Silbe). Das normale Mineralwasser ist *woda* (oder *woditschka,* Betonung auf der 2. Silbe). Eine Verwechslung kann Folgen haben …

Russisches Gastmahl

Wenn Russen Gäste erwarten, biegt sich in der Regel der Esstisch unter der Last der aufgetragenen Speisen, denn die treffliche Bewirtung von geladenen Gästen ist für Russen eine geradezu existenzielle Frage. Schon Tage vorher ist die Hausfrau damit beschäftigt, alles einzukaufen und vorzubereiten.

Ein festliches Essen zu Hause mit Gästen beginnt für gewöhnlich mit Wodka und *sakuski,* den gemischten Vorspeisen: eingelegte Gurken aller Geschmacksvarianten, Tomaten, Auberginen und Knoblauch. So manche Familie hat in der Umgebung von St. Petersburg eine Datscha mit einem kleinen Garten, in dem sie etwas Gemüse und Obst anbaut, das im Sommer und Herbst für die kalte Jahreszeit eingemacht wird. Eine erlesene Delikatesse sind Steinpilze in Kräutermarinade, die ebenfalls zum Auftakt eines Festessens gereicht werden. Nicht genug damit: Auch Salate sowie kaltes Fleisch oder eingelegter Fisch kommen als Vorspeisen auf den Tisch, und natürlich Brot oder Piroggen, Hefeteigtaschen, die mit Pilzen, Kartoffeln oder Kohl gefüllt werden. Kulinarische Krönung sind *bliny*, hauchdünne Pfannkuchen aus Buchweizenmehl, die mit schwarzem oder rotem Kaviar serviert werden.

Die Hauptgerichte haben selbst bei einem Festessen einen deftigen, bäuerlichen Charakter. Zwischendurch trinkt man immer wieder ein Gläschen auf die Freundschaft oder auf das Leben.

Ein köstliches Mahl verlangt natürlich nach einem würdigen Abschluss – traditionell ist das eine Tasse Tee mit Marmelade. Nicht mehr in jedem russischen Haushalt steht ein *samowar*, doch wird der Tee noch immer auf traditionelle Art zubereitet: In einer kleinen Kanne zieht ein starker Teeextrakt, den man später in der Tasse mit siedend heißem Wasser aufgießt; dazu wird meist noch Kuchen oder Gebäck aufgetischt.

Restaurants

In jüngerer Zeit haben viele neue Restaurants St. Petersburg bereichert. Das Spektrum reicht von der italienischen Pizzeria bis zur aserbaidschanischen Teestube. Auch die Haute Cuisine hat es inzwischen bis an die Newa geschafft. Neuester Trend sind Wohnzimmerrestaurants im Stil sowjetischer Kommunalkas. Zum Essen spielt in russischen Restaurants oftmals eine Kapelle Tanzmusik oder Folklore – und verkauft danach CDs.

L'Europe €€€ [D4]
Das edle Restaurant im Grand Hotel Europe bietet internationale Feinschmeckerküche in Jugendstilambiente.
- Michailowskaja ul. 1/7
  191186 St. Petersburg | Tel. 329 60 00
  www.belmond.com

Mechta Molochovets €€€ [G4]
Hier werden russische Gerichte des 19. Jhs. zu neuem Leben erweckt.
- Radischeva ul. 10
  191014 St. Petersburg | Tel. 929 22 47
  www.molokhovets.com

Mesto €€€ [C1]
Minimalistisches Design und vorzügliche euro-asiatische Fusionsküche.
- Kronwerkskij pr. 59
  191025 St. Petersburg | Tel. 405 87 99

Palkin €€€ [F4]
Traditionelle russische Küche mit französischem Touch in einem Saal mit Stuckdecken und riesigen Kronleuchtern.
- Newskij pr. 47
  191186 St. Petersburg | Tel. 703 53 71
  www.palkin.ru

Talcon €€€ [C1]
Feine Speisen in luxuriös-nostalgischem Ambiente. Das Hotelrestaurant zählt zu den besten Gourmettempeln Russlands.
- Newskij pr. 15
  191186 St. Petersburg
  Tel. 324 99 11 | www.taleon.ru

Zar €€€ [E4]
In kaiserlichem Ambiente tischt Starkoch Roman Wassilijew russisch-französische Küche nach Rezepten des 19. Jhs. auf.
- Sadovaja ul. 12 | 191186 St. Petersburg
  Tel. 640 16 16 | www.ginza.ru/spb

Dinner auf einem Newa-Restaurantschiff

! Erst-klassig

Gaumenfreuden aus dem Kaukasus

- **Karavan-Saray** €€€ [F3]
  Usbekisches Dekor und feine zentralasiatische Küche.
  Nekrasowa ul. 1/38
  191014 St. Petersburg
  Tel. 273 42 05
- **Kavkaz Bar** €€ [E4]
  Die typisch georgischen Gerichte sind raffiniert gewürzt.
  Karawannaja ul. 18
  191011 St. Petersburg
  Tel. 312 16 65
- **Kilikia** €€ [D5]
  Armenische Gemüsegerichte und Teva-Eintöpfe.
  Gorochowaja ul. 26/40
  191023 St. Petersburg
  Tel. 327 22 08
- **Tbiliso** €€ [C1]
  Leckere georgische Spezialitäten.
  Sytninskaya ul. 10
  197101 St. Petersburg
  Tel. 232 93 91

Gogol €€ [C4]
Feine russische Gerichte in einem Ambiente, das eine Schriftstellerwohnung des 19. Jhs. nachempfindet.
- Malaja Morskaja ul. 8
  191186 St. Petersburg | Tel. 312 60 97
  www.restaurant-gogol.ru

Idiot €€ [E3]
Große Auswahl an vegetarischen Gerichten, gemütliche Einrichtung.
- nab. reki Moiki 82
  190000 St. Petersburg
  Tel. 946 51 73 | www.idiot-spb.com

Literaturnoje Kafe €€ [C4]
Traditionsreiches Café und Restaurant, das schon Puschkin als Stammgast hatte. Zu den einheimischen Spezialitäten aus der Küche bekommen Gäste auch dezente Kammermusik geboten › S.101.
- Newskij pr. 18 | 191186 St. Petersburg
  Tel. 312 60 57

Severyanin €€ [C5]
Charmantes Restaurant mit russischer Küche und freundlicher Bedienung.
- Stoljarny per. 18 | 190031 St. Petersburg
  Tel. 951 63 96 | www.severyanin.me

Teplo €€ [B5]
In der Nähe der Isaakskathedrale wird in Wohnzimmeratmosphäre innovative, italienisch-international inspirierte Küche serviert. Unbedingt reservieren!
- Bolschaja Morskaja ul. 45
  190000 St. Petersburg | Tel. 407 27 02
  www.v-teple.ru

Zoom Café €€ [C5]
Hippes Café-Restaurant; auf der kleinen, feinen Karte stehen russische, asiatische und italienische Gerichte.

- Gorochowaja ul. 22
  191186 St. Petersburg | Tel. 612 13 29
  www.cafezoom.ru

Karl i Fridrich €

Restaurant in ehemaliger Brauerei mit Eventcharakter. Fantasievolle Speisekarte, im Sommer Biergarten.

- Yuzhnaya dor. 15
  188660 St. Petersburg | Tel. 633 03 03

Cafés & Teestuben

Viele kleine Gaststätten bezeichnen sich als *kafe;* sie bieten jedoch keineswegs Kaffee und Kuchen an. Vielmehr handelt es sich um Speiselokale, wo meist einfache Gerichte, mitunter aber auch komplette Menüs angeboten werden.

Kaffee und Kuchen bekommt man in der *konditerskaja,* allerdings darf man kein Kaffeehaus-Flair erwarten. Überall im Zentrum trifft man auf die Filialen von Coffee House, wo hochwertiger Kaffee ausgeschenkt wird. In den Filialen der Kette Shokoladnitsa gibt es darüber hinaus eine Auswahl warmer Speisen.

Ontrome [J6]

Feinste Kuchenspezialitäten.

- Aleksandra Newskowo pl. 2
  191317 St. Petersburg

Stolle [D3]

Ausgezeichnete Piroggen in großer Auswahl; zahlreiche Filialen.

- Newski pr. 11
  191186 St. Petersburg | Tel. 314 70 21

Mezzanine Café [D4]

Köstlicher Kuchen im stilvollen Ambiente des Grand Hotel Europe.

- Michailowskaja ul. 1/7
  191186 St. Petersburg

Tschainyjdom [F5]

Meditatives Teetrinken, manchmal Teezeremonien.

- Rubinstejna ul. 24a
  191002 St. Petersburg

Pyschki [D4]

Frisch ausgebackene, mit Zucker bestäubte Hefekringel. **50 Dinge** (14) › **S. 13**.

- Bolschaja Konjuschennaja ul. 25
  191186 St. Petersburg

SEITENBLICK

Edler Genuss

Kaviar *(ikra)* ist die wohl bekannteste russische Delikatesse. Es gibt die schwarzen Fischeier des Stör in unterschiedlichen Qualitäten. Besonders teuer – auch in Russland – ist Beluga (blauer Deckel), leichter zu bekommen sind Ossietra (gelber Deckel) und Sevruga (roter oder orangefarbener Deckel). In den großen Hotels von St. Petersburg werden inzwischen auch Kaviar-Degustationen angeboten. Am besten kauft man Kaviar in der Dose oder im Glas: entweder in Gastronom-Geschäften oder im Gostinnyj dwor › **S. 107**. Die günstigeren Angebote auf dem Kusnetschnyij-Markt › **S. 89** stammen oft aus Raubfängen. Hier werden die Bestimmungen des CITES-Artenschutzabkommens nicht eingehalten. Außerdem gefährdet der Verzehr von Kaviar, bei dem die Kühlkette für längere Zeit unterbrochen wurde, die Gesundheit.

Shopping

Waren noch in den 1980er-Jahren die Regale leer, so sind heute längst die bekannten internationalen Marken mit Dependancen an der Newa vertreten. Das Angebot reicht von Dingen des täglichen Gebrauchs bis hin zu den ausgefallensten Luxusgütern. Weil der Nachholbedarf der Russen groß ist, ist das Angebot im Luxussegment erstaunlich.

Kaufhäuser

In jedem Fall empfehlenswert ist ein Bummel durch das größte Kaufhaus der Stadt, den **Gostinnyj dwor** › S. 107. Die Prozedur des Kaufens ist mitunter etwas umständlich und antiquiert: Hat man sich für eine Ware entschieden, muss man den Preis ausfindig machen, zur Kasse gehen und bezahlen. Im Gegenzug erhält man einen Bon, den man dann gegen die gewünschte Ware eintauscht. Gleiches gilt für die **Passage** › S. 108 und die **Wladimirskij Passage** (Wladimirskij prospekt 19). In Letzterer gibt es auch einen 24 Std. geöffneten Supermarkt.

Mode

Galería [G5]

Riesige Mall mit über 300 Geschäften am Moskauer Bahnhof.

- Ligowski pr. 30a
  191040 St. Petersburg | Tel. 643 31 72
  www.galeria.spb.ru

Grand Palace [E4]

Einkaufsparadies, das zahllose Läden und Designerboutiquen unter seinem Dach beherbergt. Auch Accessoires und Schmuck.

- Newskij pr. 44 und Italjanskaja ul. 15
  191186 St. Petersburg | Tel. 449 93 44
  www.grand-palace.ru

Lilia Kisselenko [H3]

Lilia Kisselenkos Mode vereint zeitlose Eleganz mit folkloristischen Elementen.

- Kirotschnaja ul. 47
  191015 St. Petersburg | Tel. 271 25 52
  www.kisselenko.ru

Tanja Kotegova

Die Petersburger Designerin steht für schlichte Eleganz; ihre Entwürfe sind meist in Schwarz gehalten.

- Bolschoj pr. PS 44
  197198 St. Petersburg | Tel. 346 34 67
  www.kotegova.com

Tatiana Parfionova [F5]

Die traumhaften bestickten Seidenkreationen sind von russischer Zarenkleidung inspieriert, die St. Petersburg berühmteste Modeschöpferin auf Gemälden der Eremitage entdeckt hat.

- Newskij pr. 51
  191025 St. Petersburg | Tel. 713 14 15.
  http://parfionova.ru

Souvenirs

Das bekannteste Mitbringsel aus Russland sind nach wie vor die bunt bemalten Matrjoschka-Puppen. Beliebt sind auch Lackschatullen mit bunten Miniaturmalereien sowie bemalte Holzlöffel und -schüsseln aus Chochloma. Ein **Souvenirmarkt** wird hinter der Auferstehungskirche (Gribojedow-Kanal) abgehalten › **S. 105**. Am Newskij prospekt findet man Souvenirshops in der **Passage** und im **Gostinnyi dwor.**

Heritages Souvenir Boutique [C3]
Erlesene Souvenirs und freundliche Verkäufer, u. a. viele Fabergé-Eier.
- nab. reki Moiki 37
  191186 St. Petersburg | Tel. 312 62 12

Mir Souvenir [D3]
Kunsthandwerk und Matrjoschkas, dazwischen auch viel Russland-Kitsch.
- Bolschaja Konjuschenaja ul. 2
  191186 St. Petersburg | Tel. 314 41 69

Newskij Souvenir [D4]
Souvenirs aller Art, auch Neues.
- Eingang Bol. Konjuschenaja ul. 12
  191186 St. Petersburg | Tel. 954 78 53

Porzellan

Imperial Porcelaine [F5]
Porzellan der berühmten Kaiserlichen Manufaktur.
- Vladimirskij prospekt 7 | Tel. 713 15 13
  191025 St. Petersburg | www.ipm.ru

Bücher und Kunst

Antiquarische Bücher, Postkarten und alte Stiche findet man am Newskij prospekt 18, Kunstbücher und -drucke am Newskij prospekt 16 – beide gehören zu **Newskij Souvenir.** Ein **Kunstmarkt** befindet sich vor der Katholischen Katharinenkirche, Newskij prospekt 32–34.

Anglia [F4]
Übersetzungen russischer Klassiker.
- nab. reki Fontanki 38
  191025 St. Petersburg | Tel. 579 82 84

Borey Art Centre [F4]
Zeitgenössische Kunst, Fotografien, Literatur, auch Lesungen und Konzerte.
- Litejnij pr. 58 | 191104 St. Petersburg
  Tel. 275 38 37

CDs und DVDs

In der Unterführung unter der Kreuzung Newskij prospekt, Ecke Sadovaja gibt es u. a. viele CD- und DVD-Läden.

! Erstklassig

Shoppingadressen für Sowjetnostalgiker

- **Art-galereja Liberty** [E3]
  Sowjetische Malerei aus den 1930er- bis 1980er-Jahren.
  Pestelja ul. 17/25
  191028 St. Petersburg
  Tel. 579 44 10 | www.sovietart.ru
- **Off**
  Mode und Accessoires aus sowjetischer Zeit.
  nab. Obvodnogo Kanala 60
  192007 St. Petersburg
  Tel. 929 92 03 | www.offoffoff.ru
- **Phonoteka** [F5]
  Fabelhafte Auswahl an sowjetischen Vinylscheiben.
  Marata ul. 28
  191040 St. Petersburg
  Tel. 712 30 13
  www.phonoteka.ru
- **Voentorg**
  Militaria zu günstigen Preisen.
  Sadovaja ul. 26
  196601 St. Petersburg
  Tel. 310 18 14
  http://voentorgspb.ru

SPECIAL

Tussowka – lange Nächte

Tussowka ist ein abendfüllendes Programm, ein nächtlicher Streifzug durch möglichst viele Bars, Klubs und Diskotheken. Der Begriff stammt noch aus Zeiten, in denen alles verboten war und das Nachtleben sich darin erschöpfte, dass man mit Freunden Freunde besuchte und von einer Küche zur anderen zog. Seitdem hat sich vieles geändert. Und das Verbotene ist seit dem Zerfall des Sowjetreiches geradezu explodiert. Dazu gehört auch das Petersburger Nachtleben. Exzentrisch und exaltiert geht es in der Millionenmetropole zu, sei es bei der Spontanparty auf der Straße oder im Bissnesmeni-Schuppen, für den man 5000 Rubel Eintritt zahlt.

Achtung: Die Metro fährt bis 24 Uhr und morgens wieder ab 6 Uhr. Nachtbusse gibt es nicht, Nachtschwärmer müssen aufs Taxi umsteigen.

Warm-up

Der Abend beginnt mit dem Barbesuch. Bars sind die Treffpunkte der Nachtgesellschaften, denn die Petersburger gehen nicht allein aus, sondern in Gruppen – je größer, desto besser. Eine der bekanntesten Partymeilen in St. Petersburg ist die Gegend um die Dumskaja uliza und Uliza Lomonossowa unweit des Newskij-Prospekts. Karaoke-Bars, Kneipen, Diskotheken reihen sich hier aneinander.

Die Locations

- **Daiquiri Bar** [D3]
  Der perfekte Start in die Nacht: Freundliches Personal und wirklich hervorragende Cocktails.
  Bolschaja Konjuschennaja ul. 1
  191186 St. Petersburg
  Ⓜ Newskij prospekt
  Tel. 943 81 14 | www.dbar.ru
  16–4 Uhr (am Wochenende bis 6 Uhr)

 Die Fish Fabrique ist eine Institution der Petersburger Independent-Szene

- **W Terrace** [C4]
  Cocktailbar auf der Dachterrasse des W Petersburg Hotels. Grandioser Blick auf die Isaakskathedrale, geöffnet nur von Mai bis September.
  Wosnesenskij pr. 6
  190000 St. Petersburg
  Ⓜ Admiraltejskaja
  www.wstpetersburg.com
  So–Do 13–24, Fr, Sa bis 2 Uhr
- **Fish Fabrique** [G5]
  Der Musikklub im Künstlerhaus Puschkinskaja 10 ist eine Petersburger Institution. Die Fabrique Nouvelle veranstaltet Konzerte im Innenhof.
  Ligowskij pr. 53
  191040 St. Petersburg
  Ⓜ Pl. Wosstanija/Majakowskaja
  www.fishfabrique.ru
  Tgl. 12–4, Konzerte Do–So ab 20 Uhr
- **Warszawa Bar** [D5]
  Gemütliche Bar im Souterrain. Abends gibt es polnisches und tschechisches Bier, tagsüber kleine Snacks. In der Nähe liegt die originelle Waschsalon-Bar Stirka 40° (Kazanskaya ul. 26).
  Kazanskaja ul. 11
  191186 St. Petersburg
  Ⓜ Newskij prospekt
  www.facebook.com/warszawabufet
  So–Do 16–2, Fr, Sa 16–4 Uhr
- **Commode** [F6]
  Ungewöhnliche Bar mit Wohnzimmeratmosphäre direkt am Newskij prospekt; Jazzkonzerte und Lesungen.
  Rubinschteina ul. 1
  191025 St. Petersburg
  Ⓜ Majakowskaja
  Tel. 777 89 65 | www.commode.club
  So–Do 16–2, Fr, Sa 16–6 Uhr
- **Jimi Hendrix Blues Club** [F3]
  Russischer Jazz, Blues oder Latin, von 20–23 Uhr russisch-georgische Küche.
  Litejnyi pr. 33
  191028 Petersburg
  Ⓜ Tschernyschewskaja
  Tel. 579 88 13
  Tgl. 11–24 Uhr

Für Jazzfreunde

- **JFC-Jazz Club** [F2]
  Jazzschuppen mit gutem Programm.
  Schpalernaja ul. 33
  191123 St. Petersburg
  Ⓜ Tschernyschewskaja
  Tel. 272 98 50 | www.jfc-club.spb.ru
  Tgl. 19–23 Uhr
- **Jazz Philharmonic Hall** [E6]
  Petersburgs ältester und berühmtester Jazzklub. Karten vorbestellen!
  Sagorodnyj pr. 27
  191180 St. Petersburg
  Ⓜ Wladimirskaja/Dostojewskaja
  Tel. 764 85 65 | www.jazz-hall.com
  Tgl. 19–23 Uhr

Finale furioso

Ab Mitternacht wird getanzt. In russischen Diskos geht es gewöhnlich hoch her.

- **Gribojedow**
  Cooler Dance Club in einem ehemaligen Bunker. Eintritt 50–80 Rubel.
  Woroneschskaja ul. 2a
  192007 St. Petersburg
  Ⓜ Ligowskij prospekt
  Tel. 764 43 55
  Mo–Fr 12–6, Sa, So 13–10 Uhr
- **Lomonosov** [E4]
  Nachtklub und Karaokebar; Dancefloors auf drei Etagen und Go-go-Girls.
  Lomonossowa ul. 1
  191011 St. Petersburg
  Ⓜ Newskij prospekt
  Tel. 934 90 90
  Fr, Sa 11–6 Uhr

Die umfangreichen Kunstsammlungen der Eremitage waren ursprünglich nur dem direkten Umfeld des Zaren zugänglich

LAND & LEUTE

Steckbrief

- **Frühere Stadtnamen:** Sankt-Pieterburch (Gründungsname 1703), Petrograd (1914–24), Leningrad (1924–91)
- **Lage:** 59° 57′ nördlicher Breite, 30° 20′ östlicher Länge. Nördlichste Millionenstadt der Welt, auf dem Breitengrad der Südspitze Grönlands
- **Fläche:** 600 km², davon 58 km² Wasserfläche; 42 Inseln im Newa-Delta, teilweise nur 3 m über dem Meer; 68 Kanäle und Flussarme mit einer Gesamtlänge von 165 km, 600 Brücken; 18 Stadtviertel (Rajons)
- **Bevölkerung:** 4,85 Mio., mehrheitlich Russen, daneben Belorussen, Ukrainer, Tataren, Kaukasier, Usbeken, Tadschiken und Finnen, überwiegend russisch-orthodoxen Glaubens
- **Amtssprache:** Russisch
- **Kalender:** Der Julianische Kalender wurde vom 1. Januar 1700 bis zum 31. Januar 1918 beibehalten, deshalb gibt es in dieser Zeit zwei Daten (»alten und neuen Stils«). Ab 14. Februar 1918 wurde der alte Kalender dem Gregorianischen Kalender angepasst, nicht aber jener der orthodoxen Kirche.

- **Vorwahlen:** Russland 007, St. Petersburg 812
- **Währung:** Rubel (RUB)
- **Zeitzone:** Moskauer Zeit *(Moskowskoje wremja)*, MEZ +3 Std., im Sommer +2 Std.; Russland hat dauerhaft auf Sommerzeit umgestellt.

Politik und Verwaltung

An der Spitze der Stadtverwaltung steht der Petersburger Gouverneur und lenkt die Geschicke der Stadt vom Mariinskij-Palast an der Moika aus; ebenfalls hier untergebracht ist die Stadtverwaltung mit dem Stadtrat. Gouverneurs- und Stadtratswahlen sind alle vier Jahre.

Zwischen 2003 und 2011 war die aus der Ukraine stammende Walentina Matwijenko, eine Favoritin des damaligen Präsidenten Putin, Gouverneurin von St. Petersburg und stand an der Spitze der Stadtverwaltung. Nach acht Jahren Amtszeit wechselte sie in den Föderationsrat nach Moskau. Ihr Nachfolger wurde Georgi Poltawtschenko, diesmal auf Empfehlung des damaligen Präsidenten Dmitri Medwedew.

In der russischen Politik sind die Petersburger zu einem festen Begriff geworden, da Präsident Putin seine Petersburger Weggefährten aus alten Zeiten allesamt in die Regierung nach Moskau holte. Petersburg selbst hat diese Klüngelei aber eher geschadet, und so gelten die heutigen Petersburger Politiker in Russland als eher provinziell.

Wirtschaft

St. Petersburg ist nach Moskau Russlands zweitgrößter Industriestandort. Davon merken Besucher nur wenig, denn alle Betriebe liegen außerhalb des historischen Stadtkerns. Die bedeutendsten Industriezweige sind die Eisen verarbeitende und die elektrotechnische Industrie, zunehmend Medizin- und Biotechnologie. Aber auch der Schiffsbau spielt traditionell eine große Rolle. Andere wichtige Produktionsbereiche sind Textil- und Leder- sowie die chemische Industrie.

Von überragender wirtschaftlicher Bedeutung für St. Petersburg wie für ganz Russland waren früher die Kirow-Werke, die allein wegen ihrer Größe eine Stadt in der Stadt bilden. Einst eine berühmte Panzerschmiede, produzieren sie mittlerweile Traktoren, Dampfmaschinen, Transportfahrzeuge und Schiffsteile. Viele russische Großkonzerne, v. a. Unternehmen mit hohem Staatsanteil wie Gazprom Neft, verlagern ihren Hauptsitz an die Newa. Dank ausländischer Direktinvestitionen ist St. Petersburg zudem ein Zentrum der rasant wachsenden russischen Automobilindustrie. Auch investieren hier immer mehr ausländische Unternehmen der Konsumgüterindustrie in Joint-Ventures, wichtigster Außenhandelspartner ist Deutschland.

Natur & Umwelt

Ein großes Probleme ist die Luftverschmutzung durch den Industriegürtel rund um die Stadt. Die Schwefeldioxid- und Stickoxidkonzentrationen übersteigen bei Messungen die zulässigen Grenzwerte meist um ein Vielfaches. Augenfällig wird die hohe Luftverschmutzung am alten Baubestand: Die Fassaden bröckeln, selbst wenn sie gerade erst restauriert worden sind.

Auch der Newa geht es nicht gut. Von einem Bad im Fluss ist dringend abzuraten, obwohl es noch Menschen gibt, die sich – in Unkenntnis der Gefahren – in den Wellen tummeln. Die nur 75 km kurze, aber sehr wasserreiche Newa ist der Abfluss des Ladogasees, des größten Süßwassersees Europas. Die Abwässer aller angrenzenden Städte fließen nahezu ungeklärt in See und Fluss, worunter die Wasserqualität enorm leidet.

An der Admiralität am Newa-Ufer zeigt der Nationalstolz Flagge

Geschichte im Überblick

1703 Am 16. Mai (27. Mai nach greg. Kalender) gründet Peter I. im Newa-Delta, das er im Nordischen Krieg von den Schweden erobert hat, St. Petersburg.
1712 Peter erklärt St. Petersburg zur Hauptstadt des Russischen Reiches.
1717 Leblonds »Idealplan« zur Bebauung.
1721 Ende des Nordischen Krieges. Peter I. gibt sich den Titel »Zar aller Reußen«, der Senat feiert ihn als »Peter den Großen«.
1724 Gründung der Akademie der Wissenschaften nach dem Vorbild von Leibniz.
1725 Tod Peters des Großen; seine Nachfolge tritt Katharina I. an.
1727 Peter II. verlegt den Hof zurück nach Moskau.
1732 Zarin Anna Iwanowna bestimmt St. Petersburg erneut zur Hauptstadt des Russischen Reiches.
1757 Gründung der Akademie der Künste durch Elisabeth I.
1764 Katharina II. legt mit dem Ankauf einer Bildersammlung aus Deutschland den Grundstock für die Eremitage.
1801 Ermordung Pauls I. im Michaelsschloss.
1811 Gründung des Lyzeums in Zarskoje Selo, Schüler ist u. a. Puschkin.
1819 Gründung der Universität.
1824 Newa-Flutkatastrophe fordert Tausende Opfer in der Stadt.
1825 Tod Alexanders I. Am 14. Dezember verweigern demokratisch gesinnte adelige Offiziere Nikolaus I. auf dem Senatsplatz die Gefolgschaft. Der Aufstand der Dekabristen, die für die Aufhebung der Leibeigenschaft eintreten, wird jedoch blutig niedergeschlagen, viele Teilnehmer werden nach Sibirien verbannt.
1837 Eröffnung der ersten Eisenbahnstrecke nach Pawlowsk.
1855 Tod Nikolaus' I., Ende des restaurativen »Ehernen Zeitalters«.
1861 Aufhebung der Leibeigenschaft im Russischen Reich.
1862 Gründung des St. Petersburger Konservatoriums.
1881 Attentat auf Alexander II. an der »Blutskirche«.
1894 Thronbesteigung Nikolaus' II., des letzten Romanow-Zaren.
1895 Lenin gründet in St. Petersburg den Kampfbund zur Befreiung der Arbeiterklasse.
1905 Am 9. Januar, dem »Blutigen Sonntag«, werden friedlich demonstrierende Arbeiter auf Befehl Nikolaus' II. niedergeschossen. Eine Welle der Empörung erfasst das ganze Land, überall brechen revolutionäre Unruhen aus.
1914 Mit Beginn des Ersten Weltkriegs wird St. Petersburg in Petrograd umbenannt.
1917 Februarrevolution. Nikolaus II. dankt ab, unter dem Vorsitz Kerenskijs wird die Provisorische Regierung gebildet. Wladimir Iljitsch wird mit Wissen und Billigung der deutschen Regierung in

einem verplombten Waggon aus dem Schweizer Exil nach Petrograd gebracht. Am 25. Oktober Sturm auf den Winterpalast, die Provisorische Regierung wird verhaftet.

1918 Friedensvertrag von Brest-Litowsk, der Russland äußeren Frieden bringt. Aber Bürgerkrieg und Intervention, die 1919 mit dem Angriff der »Weißen« auf Petrograd einen Höhepunkt finden, zehren das geschwächte Land weiter aus. Der Regierungssitz wird nach Moskau verlegt.

1920 Die Bevölkerung schrumpft von 2,5 Mio. im Jahr 1917 auf nur noch 722 000 Einwohner.

1924 Nach dem Tod Lenins wird Petrograd in Leningrad umbenannt.

1934 Ermordung des Leningrader Parteisekretärs Kirow und Beginn der stalinistischen Verfolgungen.

1941 Angriff deutscher Truppen auf die Sowjetunion. Beginn der 900-tägigen Blockade Leningrads, bei der mehr als 1 Mio. Menschen verhungern, erfrieren oder im Bombenhagel sterben.

1944 Der Blockadering der deutschen Wehrmacht kann durchbrochen werden, Leningrad wird am 27. Januar befreit.

1955 Eröffnung der ersten Metrolinie von Leningrad.

1960 Offizielle Einweihung des Piskarowskoje-Friedhofs zum Gedenken an die Blockadeopfer.

1965 Für seine Standhaftigkeit und seinen Überlebenswillen während der Blockade erhält Leningrad den Ehrentitel einer sowjetischen »Heldenstadt«.

1988 Beim Brand in der Bibliothek der Akademie der Wissenschaften werden mehr als 1 Mio. Bücher Opfer der Flammen.

1989 Der historische Stadtkern wird unter Denkmalschutz gestellt.

1991 Leningrad wird in St. Petersburg zurückbenannt. Straßen und Plätze erhalten ihre alten Namen.

1998 Rückkehr der Romanow-Gebeine, Beisetzung in der Peter-Paul-Kathedrale. Kurz vor den Wahlen der Gesetzgebenden Versammlung wird die Reformpolitikerin Galina Starowojtowa erschossen.

2003 St. Petersburg feiert mit zahlreichen kulturellen Veranstaltungen seinen 300. Geburtstag. Das Bernsteinzimmer in Zarskoje Selo ist nach langer Arbeit rekonstruiert.

2008 Der Autotunnel unter der Newa hindurch wird eröffnet.

2009 Der Schnellzug »Sapsan« verbindet nun Moskau mit St. Petersburg in 3 Std. und 45 Min.

2010 Der Plan von Gazprom, in Petersburg den 403 m hohen Wolkenkratzer »Ochta Center« zu bauen, wird auf Eis gelegt.

2013 Präsident Putin eröffnet das Mariinskij II, einer der teuersten Theaterbauten der Welt.

2014 Die Eremitage feiert ihr 250-jähriges Bestehen.

2017 In St. Petersburg finden Gedenkfeiern zur Februar- und Oktoberrevolution im Jahr 1917 statt.

2018 Bei der Fußball-WM werden in St. Petersburg unter anderem das Halbfinale und das Spiel um den dritten Platz ausgetragen. Für die Präsidentschaftswahlen ist Amtsinhaber Putin haushoher Favorit.

Die Menschen

»Verstand wird Russland nie verstehen, kein Maßstock sein Geheimnis rauben. So wie es ist, so lasst es gehen, an Russland kann man nichts als glauben«, sang Fjodor Tjutschew 1854. Es ist einer der bekanntesten Verse zum Klischee, man könne die »russische Seele« als Ausländer ohnehin nicht verstehen. Wagen wir dennoch einen kleinen Versuch …

Russen haben im Allgemeinen ein völlig anderes Entfernungs- und damit Zeitgefühl. Auf die Frage »wie weit, wie lange noch« bekommt man bestenfalls ein Drittel des erforderlichen Quantums genannt. Das Land ist so groß und gleichmäßig strukturiert, dass es auf ein bisschen mehr oder weniger nicht ankommt: »100 Kilometer sind keine Entfernung, 100 Jahre kein Alter, 100 Rubel kein Geld, 100 Gramm kein Wodka …«

Das hierarchische Denken in Russland ist nicht, wie häufig angenommen, 90, sondern 900 Jahre alt. Wo man auf politisch, ökonomisch oder bildungsständisch Höhere trifft, wird oft gekuscht, bestochen und geschmeichelt. Was der *natschalnik* sagt, wird ohne Diskussion getan, was der »neue Russe« (d. h. Neureiche) fordert, wird gegeben, was der anerkannte Wissenschaftler herausfindet, ist unbesehen richtig. Dafür verteidigt jeder seine mühsam erkämpften Reviere, seien sie noch so klein.

Im Dienstleistungssektor trifft man mitunter auf vermeintlich schroffes Gebaren, die in West- und Mitteleuropa verbreitete verbindliche Höflichkeit ist in Russland unbekannt. Jahrhundertelang war das Land den Fremden ausgeliefert, daher die Reserviertheit vieler Menschen. Mit ignorantem Vorbeisehen am Fremden wird nur eine alte Schicklichkeitsregel befolgt. Offenes Lächeln bedeutet etwas ganz anderes, und man ist gut beraten, dieses Fettnäpfchen zu vermeiden.

Bedenkt und befolgt man das Gesagte, wird es ausgeglichen durch mindestens drei Positiva: Russen sind i. d. R. unglaublich hilfsbereit. Wenn man sich verlaufen hat, wird man bis an das gewünschte Ziel gebracht und erhält oft noch eine Einladung nach Hause.

Die russische Gastfreundlichkeit überbrückt alle sozialen Unterschiede. Man sollte sich bei einem Festmahl darauf einstellen, dass die Tischreden immer länger werden, je weiter die Zeit fortschreitet. Gastfreundschaft bezieht sich auch auf Restaurantrechnungen: Man bezahlt tischweise für alle.

Die Improvisationskunst der Russen ist sprichwörtlich. Lange Zeit passiert gar nichts, dann plötzlich alles auf einmal mit einem enormen Arbeitseifer. Das entspricht sozialhistorisch dem Jahreslauf: Im landwirtschaftlich geprägten Russland dauert der Winter zwei Drittel des Jahres, sodass alles im heißen, aber kurzen Sommer nachgeholt werden muss. *Wsjo budjet charascho* – alles wird gut!

Kunst & Kultur

Keine andere Stadt Europas wurde so umfassend und zugleich bis ins Detail geplant wie St. Petersburg. Straße um Straße wurde mit dem Ziel eines harmonischen Gesamtbilds entworfen.

Das sieht man auch heute noch, wenn man die Straßenzüge des historischen Zentrums von oben betrachtet. Zunächst war es Peter der Große, der seine Vision einer Stadt realisieren wollte. Im Gegensatz zu Moskau, wo jeder baute, was und wie er es wollte, sollte seine neue Hauptstadt ein einheitliches, geometrisch gegliedertes Gesicht erhalten.

Stadt aus Stein

1706 übernahm die Kanzlei für städtische Angelegenheiten unter der Leitung des Tessiner Architekten **Domenico Trezzini** die Aufsicht über alle Bauvorhaben in der Stadt. Ein Erlass Peters bestimmte, dass jeder Einwohner jährlich 100 Steine abzuliefern hatte; andernfalls drohte eine hohe Geldstrafe. Im übrigen Reich waren nach 1714 Steinbauten gänzlich verboten, damit genug Material zur Verfügung stand. Jeder Besitzer von mehr als 500 Leibeigenen war verpflichtet, auf eigene Kosten ein zweistöckiges Steinhaus zu

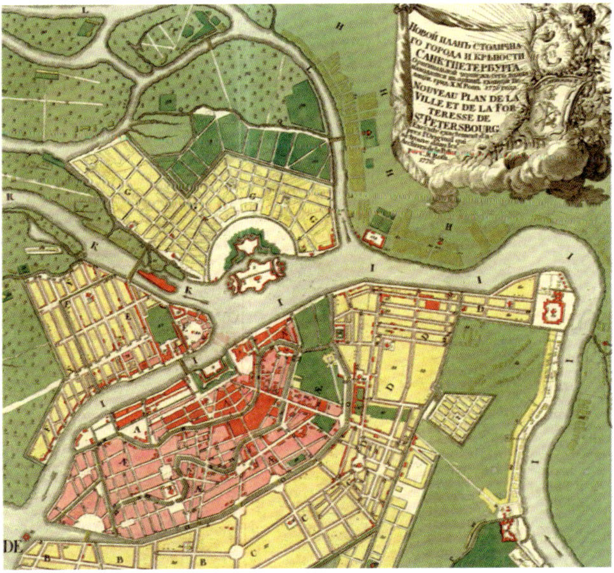

Die Vision Peters I. einer neuen Stadt vom Reißbrett

Katharina II., Porträt von Fjodor Rokotov, um 1780, Eremitage

errichten, das sich in den Gesamtplan einfügen musste. Infolge dieser kontrollierten Bebauung erwecken manche Straßenzüge und Plätze den Eindruck einer großen Kulisse, vor der ein Theaterstück des 18. Jhs. aufgeführt werden soll. Namentlich die Zwölf Kollegien › **S. 67**, der Sommerpalast › **S. 96** und die Mariä-Verkündigungskirche im Alexander-Newskij-Kloster › **S. 114** gehen auf diese Zeit zurück.

Die Baumeister waren zumeist Ausländer, die **westeuropäische Architekturformen** mit in die neue Zarenstadt brachten. Doch da sie sich auch immer nach dem – trotz aller Europabegeisterung weiterhin russisch geprägten – Geschmack ihrer Auftraggeber richten mussten, entwickelte sich in St. Petersburg eine ästhetisch besonders reizvolle Synthese westeuropäischer und russischer Bauformen.

Der Meister dieser architektonischen Verbindung war der Italiener **Bartolomeo Rastrelli**, dem die Stadt einige ihrer schönsten Bauwerke verdankt, darunter den Winterpalast › **S. 76**, die Auferstehungskathedrale › **S. 116** im Smolnyj-Kloster sowie den Katharinenpalast › **S. 136** in Zarskoje Selo. Seine Bauten wurden bald in ganz Russland nachgeahmt und prägten damit das **russische Rokoko** beziehungsweise das **Petersburger Barock.**

Klassizistische Eleganz

Unter Katharina II. begann der Ausbau von St. Petersburg im klassizistischen Stil und das maßgebliche städtebauliche Prinzip der drei Strahlen wurde entwickelt. Newskij prospekt, Gorochowaja uliza und Wosnessenski prospekt durchschneiden, von der Admiralität ausgehend, strahlenförmig den historischen Kern und bilden mit dem Fluss und dem Kanalsystem der Großen bzw. Moskauer Seite einen Fächer.

Die Macht, die Russland unter Alexander I., dem Sieger über Napoleon, erlangte, manifestiert sich auch in den Bauten der Epoche, die vom **Alexandrinischen Klassizismus** geprägt sind. Unter Alexander wurde das Prinzip der einheitlichen Gesamtplanung und -bebauung, das seine Vorgänger mit ihren Bauten aus den Augen verloren hatten, erneut verfolgt.

Dem italienischen Architekten **Carlo Rossi** verdankt St. Petersburg die meisterlichen Ensembles von Schlossplatz › **S. 75**, Senatsplatz › **S. 80** und Platz der Künste › **S. 106** sowie den Entwurf zu der nach ihm benannten Straße › **S. 87**. Die meist gelb-weiß gehaltenen Bauten sind in ihrer Formensprache auf Strenge, Eleganz und Ehrfurcht gebietende Größe angelegt und eine perfekte Verbindung von Zweckmäßigkeit und Repräsentationswillen.

Wesentlichen Einfluss auf die Stadtlandschaft hatte schließlich als letzte baugeschichtliche Epoche der **Jugendstil** oder *stil modern*, wie die russische Variante heißt. Vor allem auf der Petrograder Seite wurden um die Wende zum 20. Jh. ganze Straßenzüge in diesem Architekturstil errichtet.

Wiege der Musik

Wie keine andere russische Stadt war St. Petersburg buchstäblich tonangebend und begründete eine russische Musiktradition. Als Vater der russischen Musik gilt **Michail Glinka**, der 1836 die erste russische Nationaloper komponierte. Zuvor wurden am Petersburger Hof und im Theater nur italienische Opern aufgeführt. So verwundert es nicht, dass Glinkas Opern »Iwan Sussanin« (»Ein Leben für den Zaren«) und »Ruslan und Ludmilla« auf empörte Ablehnung stießen. Das Publikum empfand die russischen Volksweisen sowie die Bauernmusik in einer Oper als Zumutung.

1874 gelang **Modest Mussorgskij** der Durchbruch zu einer echten russischen Nationaloper: Sein »Boris Godunow« wurde im Mariinskij-Theater vom Publikum enthusiastisch gefeiert. Mussorgski gehörte zusammen mit **Balakirew, Cesar Cui, Borodin** und **Rimskij-Korsakow** zu einem Kreis von Komponisten, die eine eigenständig russische Musik schaffen wollten; Rimskij-Korsakow schrieb in den 80er-Jahren des 19. Jhs. auch die erste russische Symphonie. In seiner Wohnung am Saragodnyj prospekt 28 ist ein kleines Museum eingerichtet.

! Erstklassig

Gratis entdecken

- **Mariinskij-Theater II** › S. 50, 85: Beinahe jeden Mittwoch um 14 Uhr finden im Strawinsky-Foyer Kammerkonzerte von jungen Musikern statt, die keinen Eintritt kosten. Das Projekt läuft unter dem Namen »Open Wednesday in Mariinsky II«, www.mariinsky.ru/playbill/playbill3.
- **St. Petersburg Free Tour:** Kostenloser englischsprachiger Stadtrundgang, tgl. 10.45 Uhr, Treffpunkt an der Alexandersäule auf dem Schlossplatz, Anmeldung erforderlich, Tel. 643 19 99, www.petersburgfreetour.com, Variante: www.feelfreetour.net, tgl. 12 Uhr, Malaya Sadovaya ul. 8.
- **Nationalbibliothek:** Der Besuch der zweitgrößten Bibliothek Russlands lohnt vor allem an verregneten Tagen. Metro Newskij prospekt/Gostinnyj dwor, Ostrowski-Platz 1/3, tgl. 11–19 Uhr.
- **Eremitage-Museum** › S. 78: An jedem 1. Do im Monat ist der Eintritt ins Eremitage-Museum frei. Die Sammlung ist dann von 10.30–18 Uhr geöffnet.

SPECIAL

Pas de deux und Wohlklänge

Bis heute liegt in St. Petersburg ein reicher Schatz der Tanzkunst und der klassischen Musik. Die Stadt ist der Kristallisationspunkt russischen Kunstgefühls, ein Ort verzauberter Bewegung und klingender Verzauberung.

Pas de deux an der Newa

Sie bringen eine Welt fragiler Träume auf die Bühne, trotzen mit unnachahmlicher Leichtigkeit der Schwerkraft und verzaubern mit Poesie und Präzision: Die Tänzer des Kirov-Balletts am Mariinskij-Theater gehören zur Elite ihrer Disziplin. Die stattliche Zahl von fast 40 Solisten zählt das Ensemble, darunter einige von Weltruf. Wenn sie nicht gerade auf Tournee sind – und das sind sie, seit der russische Staat die Finanzierung nicht mehr übernimmt, acht Monate im Jahr – tanzen sie im Mariinskij-Theater.

- **Mariinskij-Theater I & II** [B6]
  Karten im Vorverkauf an den Theaterkassen tgl. 11–19 Uhr:
  Teatralnaja pl. 1
  190000 St. Petersburg (Mariinskij I)
  Dekabristov ul. 34
  190121 St. Petersburg (Mariinskij II)
  Ⓜ Sadowaja/Sennaja pl.
  Ticket-Service: Tel. 326 41 41
  www.mariinsky.ru

Wer keine Karten mehr für die Vorstellungen im Mariinskij bekommt, kann auf das Michailowski-Theater ausweichen, die zweite sehr gute Tanzbühne St. Petersburgs.

- **Michailowski-Theater** [D4]
  Karten im Vorverkauf an der Theaterkasse tgl. 10–21 Uhr:
  Isskustw pl. 1
  191011 St. Petersburg
  Ⓜ Newskij prospekt/Gostinnyj dwor
  Tel. 595 43 05
  www.mikhailovsky.ru

 Aufführung der »Giselle« im Mariinskij-Theater: Das Kirov-Ballett zählt zur Weltspitze

Straße der Primadonnen

Haltung! Rhythmus! Akuratesse! Auf diesen drei Säulen des Balletts beruht auch die Petersburger Straße des Tanzes, die uliza Rossi, benannt nach ihrem Baumeister Karl Iwanowitsch Rossi, Sohn einer italienischen Ballerina – eine Straße vollendeter Harmonie › S. 87. Hier residiert auch Russlands älteste und berühmteste Schule des Tanzes, die Vaganova-Ballettakademie › S. 27.

In höchsten Tönen

Zu Weltklasse hat es auch die klassische Musik in St. Petersburg gebracht. Die Stadt steht für höchste Ansprüche, das ist man schon den Komponisten schuldig, deren Wirken sich mit St. Petersburg verbindet: Michail Glinka, Modest Mussorgskij, Alexander Borodin, Peter Tschaikowsky, Nikolai Rimski-Korsakow, Milij Balakirew, Alexander Skrjabin, Cesar Cui, Sergej Prokofjew, Igor Strawinsky, Dmitri Schostakowitsch und Alfred Schnittke. Einen Petersburger Konzertabend umgibt denn auch eine entsprechend weihevolle Aura: Das musikalisch hochgebildete Publikum erscheint im Sonntagsstaat mit Kindern, Enkeln und Urenkeln – klassische Musik ist an der Newa nicht nur die höchste Kunstform, sondern auch eine Lebensart.

- **Philharmonie** [E4]
  Mittelpunkt des Musiklebens.
  Michailowskaja ul. 2
  191186 St. Petersburg | Tel. 710 42 90
  Ⓜ Newskij prospekt/Gostinnyj dwor
  www.philharmonia.spb.ru
  Vorverkauf 11–20 Uhr
- **Staatskapelle St. Petersburg** [D3]
  Chormusik und Kammerkonzerte.
  nab. reki Moiki 20
  191186 St. Petersburg
  Ⓜ Newskij prospekt/Gostinnyj dwor
  Tel. 314 10 58
  Vorverkauf 12–19 Uhr
- **Eremitage-Theater** [C/D3]
  Klassische Konzerte im Hoftheater der Zaren (Karten: Kasse der Eremitage).
  nab. Dworzowaja 34
  191186 St. Petersburg
  Ⓜ Newskij prospekt/Gostinnyj dwor
  Tel. 966 37 76 | www.rus-ballet.com
- **Kochnewa-Palais** [E5]
  Kammerkonzerte in intimem Rahmen.
  nab. reki Fontanki 41
  191023 St. Petersburg | Tel. 710 40 62

Karten und Informationen

- **Kartenvorverkauf Kassir** [E4]
  Newskij pr. 40–42
  Ⓜ Newskij prospekt/Gostinnyj dwor
  Tel. 703 40 40 | https://spb.kassir.ru
- **Infos** auf Englisch: unter www.balletandopera.com, www.bileter.ru und bei allen Touristeninformationen

Die St. Petersburger Philharmonie zählt zu den besten Konzerthäusern Russlands

Weltweite Beachtung bereits zu Lebzeiten wurde von den Petersburger Komponisten nur **Peter Iljitsch Tschaikowskij** mit seiner von Melancholie und Sehnsucht geprägten Musik zuteil. Auch er verfolgte das Ziel einer nationalrussischen Musik. Zu seinen größten Bewunderern zählte **Igor Strawinskij,** der letzte Vertreter der Petersburger nationalromantischen Schule, der nach seiner Komposition »Feuervogel« für die »Ballets Russes« von **Sergej Diaghilew** bereits mit polytonaler Harmonik experimentierte.

Ebenfalls vom Experiment bestimmt ist die Musik **Dmitrij Schostakowitschs,** dessen musikalisches Schaffen in besonderer Weise mit St. Petersburg bzw. Leningrad verknüpft ist. Während der Blockade schrieb Schostakowitsch 1942 seine 7. Symphonie, die »Leningrader Symphonie«. Mit ermutigenden, kraftvollen Klängen appellierte der Komponist an den Überlebenswillen der Leningrader. Bis heute werden die Spielzeiten der Petersburger Philharmonie mit Schostakowitschs 7. Symphonie eröffnet.

Eine Tradition neuer Musik hat sich in St. Petersburg bisher noch nicht herausgebildet, doch gibt es erste Experimente z. B. mit serieller Musik.

Feste & Veranstaltungen

Feste feiern ist eine der großen Leidenschaften der Russen. Auch die Zaren teilten diese Passion, und so gab es zu ihrer Zeit mehr als 50 offizielle Fest- und Feiertage.

Nach der Oktoberrevolution verblieben davon gerade einmal noch acht. Dafür wurden in der sowjetischen Zeit Feiertage für alle denkbaren Berufsgruppen geschaffen: der Tag des Eisenbahners, des Lehrers, des Installateurs (Klempners) und etliche mehr. Wladimir Kaminer behauptet in seiner »Russendisko« sogar, alles zusammen genommen und unter Berücksichtigung des Vor- und Nachfeierns kam man auf 365 Tage Feierlichkeiten: Familienfeste, Brigadefeste, Hausgemeinschaftsfeste – alles nie unter 50 Anwesende und bei Hochzeiten multipliziert mit zehn!

In den 1990er-Jahren wurden die hohen kirchlichen Feste wie Ostern und Weihnachten wieder zu gesetzlichen Feiertagen erklärt; im Gegenzug verschwanden der Tag der Internationalen Solidarität der Werktätigen am 1. und 2. Mai, der Tag der Verfassung am 7. Oktober sowie der Tag der Großen Sozialistischen Oktoberrevolution am 7. und 8. November aus dem Festtagskalender. Die Abschaffung der Maifeiertage sorgte für großen Unmut in der Bevölkerung, und die Menschen fragten sich, ob nicht auch in einer kapitalistisch geprägten Gesellschaft eine Solidaritätsbekundung mit den Arbeitern aus aller Welt angebracht sei. Zumindest der 1. Mai ist heute als Tag des Frühlings und der Arbeit ein Feiertag.

Festkalender

Januar: Am 7. Januar, also nach dem Jahreswechsel, feiern die Russen das orthodoxe **Weihnachtsfest** mit Geschenken (für die Kinder) und einem kleinen Tannenbaum.

Februar/März: In der Peter-Paul-Festung findet ein Eisskulpturenfestival statt. Eine Woche lang, Ende Februar bis Anfang März, verabschieden sich die Russen traditionell mit **Maslenitsa,** einem ausgelassenen Festival, vom langen, kalten Winter.

März: Zum **Internationalen Frauentag** am 8. März, einer Kombination aus Valentins- und Muttertag, herrscht bei den Blumenhändlern Hochkonjunktur, denn Sträuße für die Ehefrau und Mutter sind zu diesem Anlass ein Muss.

Mai: Die Kapitulation der deutschen Wehrmacht feiert St. Petersburg am 9. Mai, dem **Tag des Sieges,** mit großem nächtlichem Feuerwerk an der Newa. Nachmittags wird auf dem Piskarjowskoje-Friedhof der Blockadeopfer gedacht. Der **Stadtgeburtstag** wird an dem Sonntag, der dem Gründungsdatum St. Petersburgs am nächsten liegt – nach dem Gregorianischen Kalender ist das der 27. Mai – mit Musik- und Theateraufführungen gefeiert.

Mai/Juni: Zu Beginn der **Weißen Nächte** (28. Mai–5. Juni) veranstaltet St. Petersburg ein großes Musik-, Ballett- und Theaterfestival, bei dem berühmte russische und auch international bekannte Künstler und Ensembles auftreten. Im historischen Zentrum herrscht dann die ganze Nacht über reges Treiben.

Juni: Zum **Tag der Unabhängigkeit Russlands** (meist kurz Tag Russlands) wird am 12. Juni ein großes Feuerwerk über der Peter-Paul-Festung gezündet.

Am 9. Mai findet auf dem Newskij prospekt die Siegesparade statt

Juli: Anlässlich ihres **Schulabschlusses** Anfang Juli treffen sich die Petersburger Schüler am späten Abend vor der Peter-Paul-Festung und fahren auf einem Boot mit purpurrotem Segel die Newa hinab › **Abbildung S. 55.** Der **Dostojewskij-Tag** am ersten Samstag ist dem Leben und Werk des großen Schriftstellers gewidmet. Dagegen dreht sich am **Tag der Kriegsmarine** (letzter Sonntag des Monats) alles um die russische Flotte.

September: Festival für Alte Musik (Infos unter www.earlymusic.ru).

Dezember: Am Abend des 31. Dezember kommt **Väterchen Frost** mit Schneemädchen zu den Kindern und bringt reichlich Geschenke; den Anbruch des **Neuen Jahres** feiern die Petersburger dann mit einem großen Feuerwerk, vornehmlich auf dem Schlossplatz.

SPECIAL

Nächte voll Licht und Leben

Einmal im Jahr verwandelt sich St. Petersburg in einen Sommernachtstraum aus Licht und pulsierendem Leben. Wenn sich das magische Licht der Weißen Nächte über die nördlichste Millionenstadt der Welt ergießt, bleibt keine Zeit mehr für Schlaf. Und kein Traum reicht an die Wirklichkeit heran, in der das gläserne Blau des Himmels die Stadt gleichsam in einen fragilen Porzellanpalast verzaubert. Dann zieht es Jung und Alt in Scharen nach draußen auf die Straßen und Plätze der Stadt – ein Sprung aus der Zeit, aus dem ewigen Rhythmus von Tag und Nacht. Zeitung lesen um Mitternacht auf einer Parkbank? Kein Problem. Schach spielen zu Füßen von Katharina der Großen am Ostrowskij-Platz um zwei Uhr morgens? Nur zu!

Abendrot = Morgenrot

Licht, mit dem die Sonne in dieser Weltgegend sonst so geizt, überflutet die Stadt großzügig Tag und Nacht vom 25. Mai bis zum 16. Juli. Die längste Weiße Nacht, in der die Sonne kaum hinter dem Horizont verschwindet und das Abendrot direkt in den Morgen übergeht, ist die vom 21. auf den 22. Juni.

Logenplatz der Weißen Nächte

Die einen flanieren bis in die frühen Morgenstunden auf dem Newskij prospekt, andere spazieren traumverloren entlang der Moika, der Fontanka oder dem Gribojedow-Kanal. Doch der beliebteste Treffpunkt sind die Ufer der Newa. Hier herrscht Volksfeststimmung unter taghellem Nachthimmel, in den die

 Während der Weißen Nächte versammeln sich die Menschen an den Brücken

Schampanskoje-Korken knallen. Das Licht versetzt in Euphorie: Es wird gesungen, getanzt, gelacht und gelärmt.

Musik in hellen Nächten

In den Zeiten um den Mitsommer, wenn die Natur ihr Bestes gibt, holen auch die Petersburger das Beste aus sich heraus. Während in der Stadt hier eine Sängerin eine Arie schmettert, dort ein Träumer zu seinen Balladen auf der Gitarre schrammelt, stehen in den Konzertsälen viele hochkarätige Musikveranstaltungen auf dem Programm. Zu Beginn der Weißen Nächte (28. Mai–5. Juni) findet jedes Jahr ein Kulturfestival statt, in dessen Mittelpunkt die Musik steht.

Das Musikprogramm der Weißen Nächte hängt in der Petersburger Philharmonie › **S. 51** aus. Dort kann man Tickets kaufen, ebenso an der Zentralen Theaterkasse › **S. 51**.

Zwischen hellem Himmel und dunklen Kanälen

Eine Bootspartie in den Weißen Nächten gehört sicherlich zu den schönsten Erlebnissen, die St. Petersburg zu bieten hat. Steht einem der Sinn nach edler Noblesse, wählt man eine Tour über die Newa. Sucht man nach der Traumseite St. Petersburgs, sollte man die Kanäle entlangschippern. Bootsanleger findet man am Newa-Kai vor dem Winterpalast, am Zusammenfluss von Gribojedow-Kanal und Moika in Nachbarschaft zur Auferstehungskirche sowie an der Fontanka vor der Anitschkow-Brücke.

Achtung: Damit die romantische Bootstour am Ende nicht durch eine böse Überraschung getrübt wird, sollte man vorher den Preis aushandeln. Für eine Stunde muss man mit etwa 100 € rechnen.

Ein besonderes, von Tausenden Menschen beobachtetes Spektakel bietet sich, wenn die Newa-Brücken vor einem tiefblauen, weit gespannten Mittsommernachtshimmel geöffnet werden, um große Schiffe passieren zu lassen.

Von ganz besonderem Zauber ist der Blick auf das nachthelle St. Petersburg an der Strelka (Ostspitze der Wassiljewski-Insel), an der man beide Ufer der Newa mit ihren prächtigen Palastreihen und die Peter-Paul-Festung im Blick hat. Außerdem gibt es am südlichen Newa-Ufer auf der Höhe der Isaakskathedrale einige Restaurantschiffe mit freiem Oberdeck – Logenplätze mit Blick über den Senatsplatz.

Spektakuläres Event zum Schulabschluss: die »Scharlachroten Segel«

37 vergoldete Bronzefiguren und zahlreiche Fontänen säumen die Große Kaskade in Peterhof, eine der schönsten Brunnenanlagen der Welt

TOP-TOUREN & SEHENS-WERTES

PETROGRADER SEITE

Kleine Inspiration

- **Den mitreißenden Schwung der Revolution spüren** angesichts des Panzerkreuzers »Aurora« › S. 60
- **Den Gräbern der Romanows einen Besuch abstatten** in der Peter-Paul-Kathedrale › S. 63
- **Junge russische Kunst kennenlernen** auf einer Ausstellung im privaten Museum Erarta › S. 68
- **St. Petersburgs ersten Prachtbau bewundern** bei einem Rundgang durch das Menschikow-Palais › S. 69

Auf der Petrograder Seite wandelt man auf den Spuren der Stadtgründungsära, wovon imposante Bauwerke wie die Peter-Paul-Festung zeugen. Unvergleichlich ist das Stadtpanorama am Newa-Ufer.

Drei Inseln sollten den Kern der neuen Stadt Peters des Großen bilden: Petrograder Seite, Hasen-Insel und Wassiljewski-Insel. Im 18. Jh. wohnten hier die Handwerker, Verwaltungsangestellten und Beamten, die Peters kühnem Traum ein steinernes Antlitz gaben. Während der Zar selbst sehr bescheiden lebte, ließen seine Vertrauten sich große Paläste bauen.

Die Petrograder Seite im Norden der Altstadt hat geschichtlich Interessierten viel zu bieten: Hier findet man das erste Wohnhaus des Stadtgründers Peters des Großen – klein angesichts dessen enormer Größe von über zwei Metern – und die Peter-Paul-Festung. Auf der Wassiljewski-Insel ließ sein Freund Menschikow, einst Piroggenverkäufer, den ersten steinernen Palast bauen. Aus einem ehemaligen Ministerium nach holländischem Vorbild, den Zwölf Kollegien, ist die Petersburger Universität entstanden, und der Blindschuss des Panzerkreuzers »Aurora«, heute nicht mehr an seinem ursprünglichen Platz, leitete ein neues Zeitalter ein.

Tour auf der Petrograder Seite

Tour 1 Wo alles begann

Verlauf: **Dreifaltigkeitsplatz › Panzerkreuzer »Aurora« › Peter-Paul-Festung › Kronwerk › Kunstkammer › Menschikow-Palais › Akademie der Künste › Museum der Geschichte St. Petersburgs › Neu-Holland**

Karte: Seite 70

Länge und Dauer: 5,5 km; ½–1 Tag

Praktische Hinweise:

- Dem Dreifaltigkeitsplatz am nächsten liegt die Metrostation Ⓜ Gorkowskaja. Zu Fuß erreicht man den Platz vom Zentrum über die Dreifaltigkeitsbrücke *(Troizkij most)*.
- Für den Rundgang mit seinen Museen und Prachtbauten sollte man einen verlängerten Nachmittag oder einen ganzen Tag einplanen.
- Am Endpunkt Neu-Holland trifft der Weg auf Tour 2 › S. 75 und kann auf dieser fortgesetzt werden.

Die Kunstkammer an der Newa bewahrt die Raritätensammlung Peters des Großen

Tour-Start: Dreifaltigkeitsplatz 1 [D1]

Der **Dreifaltigkeitsplatz** (Troizkaja pl.) östlich der Peter-Paul-Festung war früher das Zentrum der Petrograder Seite. Hier befanden sich die ersten Wirtshäuser und Kneipen sowie der Handels- und Militärhafen. Doch nachdem der Hafen 1730 an die Strelka verlegt wurde, verlor die Petrograder Seite an Bedeutung. Bis zum Beginn des 20. Jhs. verband nicht einmal eine Brücke die Petrograder Insel mit dem Zentrum, sodass die Menschen eine beschwerliche Überfahrt auf sich nehmen mussten, wollten sie in die anderen Viertel ihrer Stadt. Erst 1903 wurde die Dreifaltigkeitsbrücke gebaut, ein Meisterwerk der Ingenieurskunst.

Auf dem mittlerweile restaurierten Platz legte Anfang der 1990er-Jahre ein mutiger Journalist mit seinen Freunden einen einfachen **Findling** 2 [D1] ab, den er von den Solowezki-Inseln, dem berüchtigtsten Gulag der Stalinzeit, hertransportiert hatte. Dieses Mahnmal der vielen tausend Opfer von Stalins Repressionen gewann bald Kultstatus und blieb trotz aller Versuche, es zu entfernen, bis heute bestehen.

Haus Peters I. 3 [D1]

Durch die Grünanlagen an der Newa spaziert man zum Petrowskaja-Kai und dem Wohnhaus Peters I. (Museidomik Pjotra I.). Fast übersieht man es, denn kein König oder Kaiser hat wohl jemals so bescheiden gewohnt wie er. Mit seiner stolzen Größe von 2,04 m erreichte der Zar fast die Höhe des Hausinneren, und man fragt sich, wie sich der Hüne in den winzigen Räumen bewegt haben mag. Binnen dreier Tage wurde das Haus 1703 aus Fichtenholzbalken im Stil eines altrussischen Bauernhauses gezimmert; die Steinmauern um das Haus ließ erst Katharina II. 1784 errichten, um es im feuchten Klima St. Petersburgs vor dem Verfall zu schützen (nab. Petrovskaja 6, Mi–Mo 10–18 Uhr, im Winter geschlossen).

Gegenüber dem Wohnhaus Peters I. thronen seit 1907 zwei mandschurische Löwen erhaben am Newa-Ufer und sorgen für ein wenig fernöstliche Exotik.

Zwischenstopp: Restaurant

Flying Dutchman 1 €€–€€€ [B2]

Drei separate Restaurants tischen auf der Replik eines holländischen Dreimasters nahe der Börsenbrücke auf, mit tollem Blick über die Newa zur Eremitage.

- nab. Mytninskaja 6
  197198 St. Petersburg | Tel. 313 88 66
  www.gollandec.ru

Panzerkreuzer »Aurora« 4 [E1]

Etwas weiter entlang der Uferstraße liegt an der Gabelung von Newa und Großer Newka der berühmte Panzerkreuzer »Aurora«. Nach einer umfassenden Restaurierung ist er im Sommer 2016 an seinen angestammten Platz zurückgekehrt (nab. Petrogradskaja 4, http://eng.navalmuseum.ru/filials/cruiser_aurora, Mi–So 11–18 Uhr).

Zu seinen revolutionären Ehren kam das Schlachtschiff, dessen Besatzung zu den Bolschewiki überge-

SPECIAL

Petrograd – Leningrad

Als Wladimir Iljitsch Uljanow wurde **Lenin** am 10. April 1870 in einem streng religiösen Elternhaus im Gouvernement Simbirsk in Mittelrussland geboren. Den Namen Lenin nahm er erst in der sibirischen Verbannung an. Ein prägendes Ereignis auf seinem Weg zum Revolutionär war die Hinrichtung seines älteren Bruders 1887 wegen Beteiligung an einem Attentat auf **Alexander III.** in der Festung Schlüsselburg.

Anfang des 20. Jhs. sah Lenin den Moment gekommen, um das autokratische System Russlands zu stürzen. Seit dem Dekabristenaufstand, v.a. nach der Niederlage Russlands im Krieg gegen Japan 1904/05, wurde der Ruf nach Freiheit und Demokratie immer lauter. Nach dem Ersten Weltkrieg trieben Hunger, Kälte sowie die Millionen Kriegsopfer die Menschen auf die Straße, Streiks und Demonstrationen erfassten das Land. So sah sich Zar **Nikolaus II.** zur Abdankung gezwungen, einen Tag danach traf Lenin aus dem Schweizer Exil in Petrograd ein. Durch geschicktes Taktieren und mit dem Versprechen »Brot, Friede, Land« gewann er in kürzester Zeit Anhänger, die Bolschewiki (»Mehrheit«), für den bewaffneten Kampf.

In der Nacht vom 25. auf den 26. Oktober 1917 drang eine kleine Gruppe von Revolutionären in das Winterpalais ein, in dem die Provisorische Regierung ihren Sitz hatte. Die »Große Sozialistische Oktoberrevolution« verlief unauffällig, aber die neuen Machthaber gingen streng gegen Gegner vor. Lenin starb am 21. Januar 1924. Mit dem Beschluss des Sowjetkongresses der UdSSR vom 26. Januar 1924 wurde Petrograd in Leningrad umbenannt.

Der Panzerkreuzer »Aurora« gab den Startschuss zur Oktoberrevolution 1917

laufen war, am Abend des 25. Okt. (7. Nov.) 1917, als sich folgende Ereignisse zutrugen: Vor der Nikolaiewskij-Brücke, die heute als Leutnant-Schmidt-Brücke bekannt ist, bezog das Schiff Position und wartete auf das verabredete rote Signalfeuer von der Peter-Paul-Festung. Um 21.45 Uhr gab die »Aurora« den legendären Blindschuss aus einer Bugkanone ab – das Signal zur Erstürmung des Winterpalasts, in dem die Provisorische Regierung ihren Sitz genommen hatte.

Die Geschichtsbücher der Sowjetunion lehrten noch lange Zeit, dass die »Aurora« scharf geschossen habe und die Massen den Winterpalast mit brachialer Gewalt erstürmen mussten. Tatsächlich stammt jenes berühmte Bild des Massensturmes aus dem Film »Oktober« von Sergej Eisenstein.

Villa Kschessinskaja 5 [D1]

Folgt man dem Kai und bummelt durch die kleinen Straßen nach Westen, kommt man zur Villa Kschessinskaja, einem schönen Beispiel für die Petersburger Variante des Jugendstils. Der Architekt Alexander Hogen errichtete die Villa mit ihrer eigenwilligen Formensprache 1904–06 im Auftrag von Nikolaus II. für dessen Favoritin, die Ballerina Mathilde Kschessinskaja. Der Tänzerin war es allerdings nicht lange vergönnt, ihr neues Heim zu genießen, da es 1917 von den Bolschewiki beschlagnahmt wurde.

Das danach hier eingerichtete Revolutionsmuseum musste später einem **Museum der politischen Geschichte Russlands** weichen (Kuibyschewa ul. 2/4, Sa–Di 10–18, Mi, Fr 10–20 Uhr, letzter Mo im Monat geschl., www.polithistory.ru).

Große Moschee 6 [D1]

Die Moschee trägt Petersburgs tatarischen und mittelasiatischen Einwohnern Rechnung (inzwischen leben hier etwa 300 000 Muslime) und wurde 1912 von den Architekten Kritschinskij und Wassiljew entworfen. Mit ihrer markanten türkisblauen Kuppel ähnelt sie dem Gur-Emir-Mausoleum in Samarkand, dem Grabmal Timur Lenks (Kronwerkskij pr. 7, außerhalb der Gebetszeiten zu besichtigen).

Peter-Paul-Festung 7 ★1 [C2]

Abweisend und von dicken, kantigen Mauern umgeben dominiert die Festung (Petropawlowskaja Krepost) die Hasen-Insel. Peter I. hatte das Bollwerk mit seinen vorspringenden Bastionen 1703 zum Schutz des neu errungenen Territoriums im Newa-Delta errichten lassen. Doch außer dem Kanonenschlag, der jeden Tag um 12 Uhr die Mittagszeit verkündet, wurde von der Peter-Paul-Festung nie ein Schuss abgegeben. Heute strömen die Petersburger an schönen Tagen scharenweise zur Insel, um sich vor der Festungmauer zu sonnen. Ein Besuch lohnt auch abends, wenn sich die ! beleuchtete Stadtkulisse effektvoll von der dunklen Wasserfläche der Newa abhebt (tgl. 6–21 Uhr, www.spbmuseum.ru). **50 Dinge** ③ › S. 12.

Grandioser Stilmix im Innenraum der Peter-Paul-Kathedrale

Durch das mächtige **Peter-Tor** 8 [D2], das der Tessiner Domenico Trezzini 1717/18 in Form eines Triumphbogens erbaute, gelangt man ins Innere der Festung. Die Statuen von Bellona und Minerva sowie das Basrelief des Giebels feiern den Sieg Peters I. über die Schweden im Nordischen Krieg.

Weniger ruhmreich sieht der zeitgenössische russische Künstler Michail Schemjakin den Zaren. 1991 schenkte der heute in den USA lebende und wirkende Bildhauer seiner Heimatstadt ein **Denkmal für Peter den Großen** 9 [D2], das den Stadtgründer mit unproportioniert kleinem Kopf auf einem massigen Körper karikiert. Das Negativbild hatte zunächst für Wirbel in der Stadt gesorgt, heute streichelt man Peter das Knie – das soll Glück bringen und die Rückkehr nach St. Petersburg garantieren.

Im Sommer kann man draußen am Strand der Festung in der Sonnen sitzen, entspannen und sich an Getränkeständen und in kleinen Cafés erfrischen. **50 Dinge** (28) › **S. 15.**

Peter-Paul-Kathedrale 10 [C2]

Eine alte Allee führt die Besucher zum Mittelpunkt der Festung mit der Peter-Paul-Kathedrale (Petropawlowskij Sobor), die lange Zeit, dem Willen Peters entsprechend, das höchste Bauwerk Russlands war. Ihr 122,5 m hoher Glockenturm mit goldener Spitze, der »Goldenen Nadel«, überragt weithin sichtbar die Stadt und ist inzwischen ein Wahrzeichen St. Petersburgs (Mo–Sa 10 bis 19, So 11–19 Uhr).

Die nüchterne und klare Formensprache der Kirche ist ein Beispiel für die erste Bauperiode in der Stadt, die weitgehend von Domenico Trezzini geprägt wurde. Was man von außen kaum vermuten würde: Im Inneren der Kathedrale entfaltet sich überbordender Prunk, dessen Glanzstück eine vergoldete Ikonostase aus Eichenholz ist. Der Moskauer Künstler Iwan Sarudnyj schuf sie in Form eines Triumphbogens, der den russischen Sieg über die Schweden verherrlicht.

Von Anfang an war die Peter-Paul-Kathedrale als Begräbnisstätte der Zaren geplant; als Erster wurde hier Peters Sohn Alexej beigesetzt, nachdem er unter der Folter des Vaters sein junges Leben ausgehaucht hatte. Im Jahr 1725 folgte Peter der Große selbst. Nach ihm fanden die Zaren ihre letzte Ruhestätte in der Kathedrale, mit Ausnahme Peters II., der in Moskau starb. Als die sterblichen Überreste des letzten russischen Zaren, Nikolaus' II., und seiner Familie in Jekaterinburg entdeckt wurden (dort war die Zarenfamilie ermordet worden), setzte man sie 1998 in der Kathedrale bei. Im Jahr 2000 sprach die Bischofsversammlung der orthodoxen Kirche die Zarenfamilie sogar heilig.

Neben der Grabkapelle liegt im nördlichen Teil der Kathedrale die ehemalige **Garderobe des Zaren,** in der alte Münzen, Orden und Medaillen ausgestellt sind. Sehenswert ist vor allem ein Rubel mit dem Porträt Peters des Großen von 1725. Alle Exponate wurden im **Münzhof** 11 [C2] geprägt, der gegenüber der Kathedrale liegt und noch heute in Betrieb ist.

Der kleine Pavillon vor dem Fassadenturm der Kathedrale ist das **Bootshaus Peters des Großen**. Ursprünglich war hier das kleine englische Boot untergebracht, mit dem Peter als Jugendlicher seine ersten Segelversuche auf der Jausa in Moskau unternommen hatte. 1723 ließ der Zar das »Großväterchen der russischen Flotte« im Rahmen einer feierlichen Parade aus Moskau nach St. Petersburg holen. Heute ist das Boot im Zentralen Kriegsmarinemuseum in der ehemaligen Börse › **S. 66** ausgestellt.

SEITENBLICK

Überschwemmungen

Wasserstandsanzeigen, wie sie z. B. im Durchgang des Johannes-Tors zu sehen sind, zeugen von den verheerenden Überschwemmungen, die St. Petersburg in jedem Jahrhundert heimsuchen. Eine Legende besagt, ein Fischer hätte Peter I. prophezeit, alle 70 Jahre werde die Bevölkerung einer Stadt an dieser Stelle ertrinken. Puschkin und Goethe haben dieses Unheil thematisiert, und Casanova kolportiert die Geschichte, die angestauten Fluten hätten riesige Rattenschwärme die Straßen hinaufgetrieben, die selbst von todesmutigen Reiterschwadronen nicht hätten aufgehalten werden können …

Trubetzkoj-Bastion 12 [C2]

Im südwestlichen Teil der Peter-Paul-Festung liegt die berühmt-berüchtigte **Trubetzkoj-Bastion** mit dem meistgefürchteten Gefängnis Russlands. Der erste Gefangene hier war Peters Sohn Alexej, der des Verrats an seinem Vater – wohl zu Recht – beschuldigt wurde und 1718 hinter den dicken, hohen Gefängnismauern an den Folgen der Folter starb. Von jeher war die Bastion auch ein Kerker für politisch

Von der Flussseite aus betritt man die Peter-Paul-Festung durch das Newa-Tor

Andersdenkende: Hier saßen Oppositionelle und Revolutionäre wie die Dekabristen ein, und die Schriftsteller Dostojewskij, Nikolaij G. Tschernyschewskij sowie Maxim Gorkij verbüßten hier ihre harten Strafen. Seit 1924 ist das Gefängnis ein **Museum**, das Zeugnis von den schweren Haftbedingungen ablegt (Do–Mo 10–19, Di 10–18 Uhr).

Die zum Tode verurteilten politischen Gefangenen wurden durch das **Newa-Tor** (Johannes-Tor) zum **Kommandantenlandesteg** 13 [C2] im Südteil der Festung gebracht. Von dort wurden sie Richtung Norden zu ihrer Hinrichtung abtransportiert. Heute lockt der kleine Sandstrand an der südlichen Festungsmauer beim ersten Sonnenstrahl die Petersburger heraus.

Kronwerk 14 [C1]

Wer sich für Waffen interessiert, der sollte einen Abstecher über die Kronwerkbrücke nördlich der Peter-Paul-Festung unternehmen. Dort ließ Zar Peter I. 1707 eine zweite Befestigungsanlage, das Kronwerk, errichten. In der hufeisenförmigen Festung, die zunächst als Artilleriearsenal diente, ist bereits seit Ende des 19. Jhs. das **Artilleriemuseum** untergebracht. Die von Peter I. gegründete umfangreiche Waffensammlung umfasst rund 70 000 Exponate, darunter skythische Speere und altrussische Schwerter, aber auch moderne Waffen (Mi–So 11–18 Uhr, www.artillery-museum.ru).

Hinter dem Kronwerk breitet sich rund um den Sitnynskaja-Platz ein volkstümlich geprägtes Viertel mit altehrwürdigen, leider jedoch vernachlässigten und stark vom Verfall bedrohten Mietshäusern aus der Zeit um 1900 aus.

! Betriebsamer Mittelpunkt der Gegend ist der **Sytnyj-Markt** (Sytninskij Rynok) jenseits des Kronwerkskij prospekt, auf dem Russen und Kaukasier tagtäglich ihre Spezialitäten sowie Obst und Gemüse zum Verkauf anbieten.

Wassiljewski-Insel

Die Börsenbrücke (Birschewoj most) verbindet die Petrograder Seite mit der **Strelka** (»Zünglein«), der Ostspitze der Wassiljewski-Insel, die wie ein Pfeil in die Newa ragt. Hier ist der Fluss so breit, dass er eher einem See gleicht; an der Strelka teilt er sich in die Große (Bolschaja) und Kleine (Malaja) Newa.

Wer nach St. Petersburg zurückkehren will, der muss – so glauben jedenfalls die Russen – den Wellen der Newa an der Strelka ein Geldstück übergeben. **!** Das schöne Panaroma der Stadt, das sich hier dem Auge bietet, ist ein beliebter Hintergrund für Hochzeitsfotos.

Zar Peter I. hatte die Wassiljewski-Insel, die größte im Newa-Delta, zunächst seinem langjährigen Freund und Vertrauten Fürst Menschikow geschenkt, der sich hier einen pompösen Palast mit Säulenportal errichten ließ. Als jedoch der französische Architekt Leblond 1717 seinen Idealplan zur Erbauung St. Petersburgs vorlegte, nahm der Zar Menschikow die Insel kurzerhand wieder weg, da hier das Stadtzentrum entstehen sollte. Die Insel erwies sich aber als zu sumpfig und der Plan schlug fehl. Heute erkennt man an dem geometrischen Netz nummerierter Straßen auf der Wassiljewski-Insel besonders deutlich, dass St. Petersburg auf dem Reißbrett entworfen wurde.

Kriegsmarinemuseum 15 [B3]

Markantester Blickfang der Strelka ist die von 44 dorischen Säulen umstandene **Börse**, in der seit 1939 das Zentrale Kriegsmarinemuseum untergebracht ist. Hier ist das Boot ausgestellt, auf dem Peter I. segeln lernte, daneben dokumentiert die Sammlung die Entwicklung der russischen Flotte bis hin zum atomgetriebenen Eisbrecher (Bolschaja Morskaja ul. 69a, Mi–So 11–18 Uhr, www.navalmuseum.ru).

Auf dem halbrunden Vorplatz der ehemaligen Börse ragen an der Spitze der Strelka zwei 30 m hohe **Rostra-Säulen** in den Himmel, die ursprünglich als Leuchttürme dienten. Nach altrömischem Brauch sind die Säulen mit Schiffsschnäbeln geschmückt, die am Bug von Kriegsschiffen zum Rammen feindlicher Schiffe angebracht waren. Die Sieger brachten die Schiffsschnäbel der unterlegenen Flotte als Trophäen mit nach Hause. Am Sockel der Säulen sitzen die Personifikationen der russischen Flüsse – gruppiert nach regionaler und handelsstrategischer Bedeutung – Wolga und Newa, Dnjepr und Wolchow.

Kunstkammer 16 ★2 [B3]

Eines der schönsten und ältesten Gebäude der Stadt ist die pittoreske blau-weiße Kunstkammer neben der Börse, in der man bis heute die Raritätensammlung Peters des Großen bewundern kann. Aus allen Teilen der Welt hatte sich der Zar, seinem naturwissenschaftlichen Interesse folgend, die unterschiedlichsten Kuriositäten nach St. Petersburg bringen lassen: präparierte exotische Tiere und seltene Insekten, fehlgebildete Embryonen und menschliche Organe sowie andere anatomische Anomalien. Um seiner Sammlung Attraktivität zu verleihen, veranlasste Peter der Große, dass jeder Besucher ein Gläschen Wodka bekam.

Außer der Kuriositätensammlung des Zaren beherbergt die Kunstkammer auch das **Lomonossow-Museum,** das mit umfangreichem Anschauungsmaterial Leben und Werk des russischen Universalgelehrten dokumentiert. Michail Lomonossow (1711–1765) gilt als Vater der russischen Grammatik. Darüber hinaus arbeitete er als Naturwissenschaftler und Astronom und gründete 1755 die Moskauer Universität. Eines der interessantesten Exponate ist der »Gottorfer Globus« mit einem Durchmesser von über 3 m, in dessen Inneren mehr als zehn Leute Platz finden.

Wer sich für die Sitten und Gebräuche fremder Völker interessiert, kommt im **Anthropologischen und Ethnografischen Museum** auf seine Kosten, das zahlreiche Exponate von Seltenheitswert zeigt. Die Sammlung veranschaulicht die Entwicklung unterschiedlicher Völker weltweit; hinzu kommen gute Wechselausstellungen (nab. Universitetskaja 3, Di–So 11–18, Einlass bis 17 Uhr, www.kunstkamera.ru).

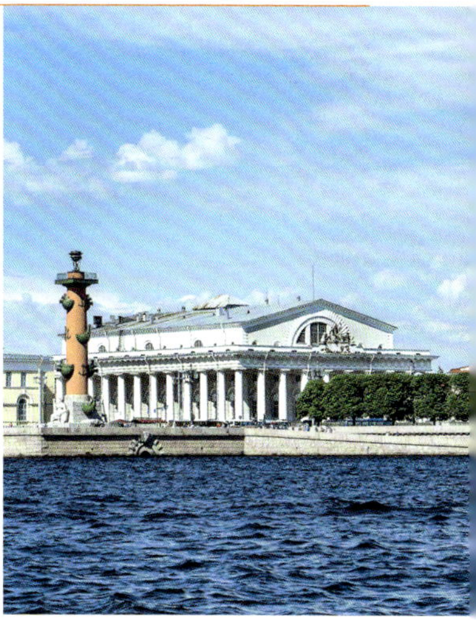
Die Strelka mit einer der Rostra-Säulen

Akademie der Wissenschaften 17 [B3]

Neben der Kunstkammer erstreckt sich am Newa-Ufer der strenge klassizistische Bau der Akademie der Wissenschaften, 1783–89 nach Plänen von Giacomo Quarenghi errichtet. Ein besonderer Blickfang ist der Portikus mit acht ionischen Säulen, der die schlichten Fassaden der Seitenflügel anbindet.

St. Petersburg ist neben Moskau das geistige und wissenschaftliche Zentrum Russlands. Das hat eine lange Tradition, denn Peter der Große war ein eifriger Förderer der Wissenschaften. Angeregt durch Leibniz gründete er 1724 die Petersburger Akademie der Wissenschaften, die viele ausländische Gelehrte anzog. Eine der wichtigsten Aufgaben der Akademie war es, Quellenmaterial zur russischen Geschichte zu sammeln und auszuwerten.

Zwölf Kollegien 18 [B3]

Der rot-weiß gestrichene Komplex der ehemaligen Zwölf Kollegien neben der Akademie ist Hauptsitz der St. Petersburger **Universität.** Peter der Große ließ den 400 m langen Bau 1721 von Trezzini errichten. Seine Kollegienverwaltung, die Vor-

SPECIAL

Neue Avantgarde

Bis 2010 verirrte sich sich kaum ein Besucher in den desolaten Westteil der Wassiljewski-Insel. Dies änderte sich, seit dort in einem mustergültig renovierten Gebäude aus der Stalinzeit das **Erarta** eröffnete: Russlands größtes nicht-staatliches Museum für zeitgenössische Kunst. Auf fünf Ebenen zeigt es in zwei separaten Abteilungen das Beste, was die russische Kunst der letzten 60 Jahre hervorgebracht hat. Zur Linken findet man eine permanente Ausstellung russischer Kunst seit den 1950er-Jahren mit Schwerpunkt auf der Underground-Kunst der späten Sowjetzeit. Zur Rechten sind Wechselausstellungen zu sehen, meist Verkaufsausstellungen.

Der Eintritt kostet 500 Rubel. Dafür kann man die ständige Ausstellung und die Wechselaustellungen sehen. Der 15-minütige Besuch in den U-Spaces, sogenannte totale Installationen, kostet noch einmal 200 Rubel extra.

- **Erarta**
  29. Linija 2 | 199106 St. Petersburg
  Ⓜ Wassileostrowskaja, dann Bus 6
  www.erarta.com
  Mi–Mo 10–22 Uhr

Und auch auf der Südseite der Newa wird es spannend. Der russische Oligarch Roman Abramovitsch bekam 2010 den Zuschlag für die Urbanisierung der von Peter dem Großen vor 300 Jahren angelegten Insel **Neu-Holland** › S. 73. Ein Teil der frühklassizistischen Werftgebäude und Warenhäuser wurde bereits restauriert. In den nächsten Jahren soll hier auch ein Ableger des Moskauer Zentrums für zeitgenössische Kunst »The Garage« entstehen – rein zufällig geleitet von Daria Schukowa, der Lebensgefährtin des Milliardärs. Der Weg dorthin lohnt sich: Im Zentrum des Komplexes wurde ein hübscher Park angelegt (Mo–Do 9–22, Fr–So 9–23 Uhr, www.newhollandsp.ru).

 Die Werftanlagen von Neu-Holland sind Teil eines urbanen Großprojektes

läuferin der Ministerien, sollte darin untergebracht werden.

Heute haben hier mehrere Fakultäten der Universität ihre Räume. Beliebtestes Studienfach ist »Ekonomika« – dem Zeitgeist und den aktuellen Problemen des Landes entsprechend.

An der Ostseite der Zwölf Kollegien wohnte der Chemiker Dmitrij Mendelejew, der von 1866 bis 1890 als Professor an der Petersburger Universität lehrte und das Periodische System der Elemente entdeckte. In den Arbeitsräumen des Chemikers wurde ein **Museum** eingerichtet (geöffnet nur in den Sommermonaten und nach Voranmeldung unter Tel. 328 97 44).

Menschikow-Palais 19 [B3]

Das erste Steinhaus der Stadt und dazu eines der prachtvollsten ganz Russlands war das Menschikow-Palais, in dem der engste Freund und Vertraute Peters des Großen, Alexander Menschikow, wohnte. Der Sohn eines Stallknechts und ehemalige Piroggenverkäufer war an der Seite Peters zu einem der mächtigsten und reichsten Männer Russlands aufgestiegen. Nach der Gründung St. Petersburgs wurde er erster Gouverneur der Stadt und war mit ihrem Aufbau betraut. Mit dem barocken Palais wollte Menschikow allen bisherigen Prunk übertreffen. Sein Vorhaben hatte Erfolg: Bei besonders feierlichen Anlässen nutzte selbst Peter der Große die Räumlichkeiten des Freundes. Heute lässt sich die einstige Pracht jedoch nur noch erahnen. Da der Hausherr – wie der Zar – Gefallen an niederländischer Gemütlichkeit fand, sind einige der Wohnräume mit Fliesen verkleidet.

1981 richtete man im Menschikow-Palais das **Museum der Kultur der Epoche Peters des Großen** ein, eine Zweigstelle der Eremitage. Die Innenräume sind nur im Rahmen von Führungen zu besichtigen (nab. Universitetskaja 15, Di, Do, Sa und So 10.30–18, Mi, Fr 10.30–21 Uhr, Tel. 323 11 12).

Kirche der Heiligen Katharina 20 [A3]

Auf der Westseite der **1. Linie,** der ersten Nord-Süd-Straße hinter dem Menschikow-Palais (die westlich folgenden Straßen sind immer »Doppellinien« für jede Straßenseite), ließ der reiche Kaufmann Solowjow im 19. Jh. einen Park anlegen. Das Geld dafür stammte aus einem gewonnenen Prozess gegen seinen Konkurrenten Heinrich Schliemann um von Letzterem nicht bezahlte Schulden. Im Haus Nr. 28 wohnte Heinrich Schliemann in seiner Petersburger Zeit 1850–60, und in der ebenfalls hinter dem Bolschoj prospekt linker Hand liegenden **Kirche der Heiligen Katharina** – der Kirche der deutschen Kolonie, die damals nicht weniger als 40 000 Menschen umfasste – wurden Schliemanns Kinder getauft.

Schön ist in dieser Gegend ein Bummel über die 6. Linie, eine Fußgängerzone, gesäumt von kleinen Geschäften; jeden Sonntag findet am nahen Bolschoij prospekt ein skurriler **Flohmarkt** statt.

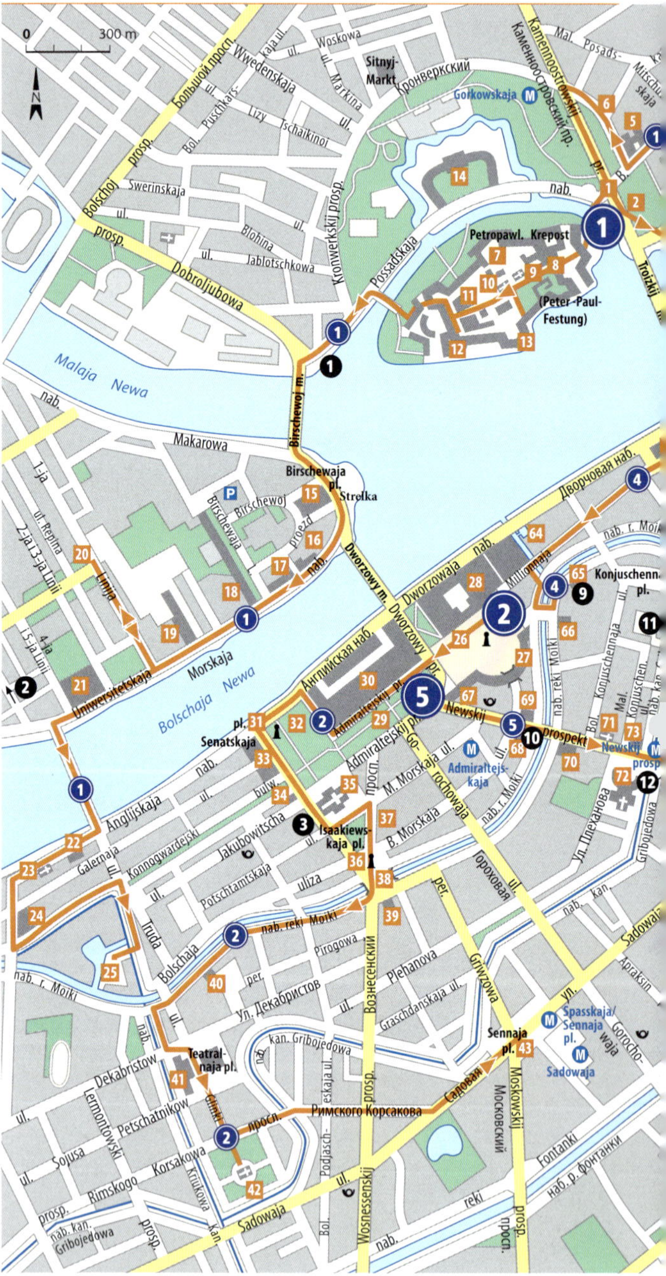
0 300 m
N
Malaja Newa
Bolschaja Newa
Petropawl. Krepost
(Peter-Paul-Festung)
Sitnyj-Markt
Gorkowskaja
Kamennoostrowskij pr.
Birschewoj m.
Dworzowyj m.
Birschewaja pl.
Strelka
Dworzowaja nab.
Konjuschennaja pl.
Senatskaja pl.
Isaakiewskaja pl.
Newskij prospekt
Admiraltejskaja
Teatralnaja pl.
Sennaja pl.
Spasskaja/Sennaja pl.
Sadowaja
Bolschoj prosp.
Dobroljubowa prosp.
Kronwerkskij prosp.
Universitetskaja nab.
Anglijskaja nab.
nab. r. Moiki
Wosnessenskij prosp.
Gorochowaja ul.
Moskowskij prosp.
Sadowaja ul.
Rimskogo Korsakowa prosp.
nab. kan. Gribojedowa

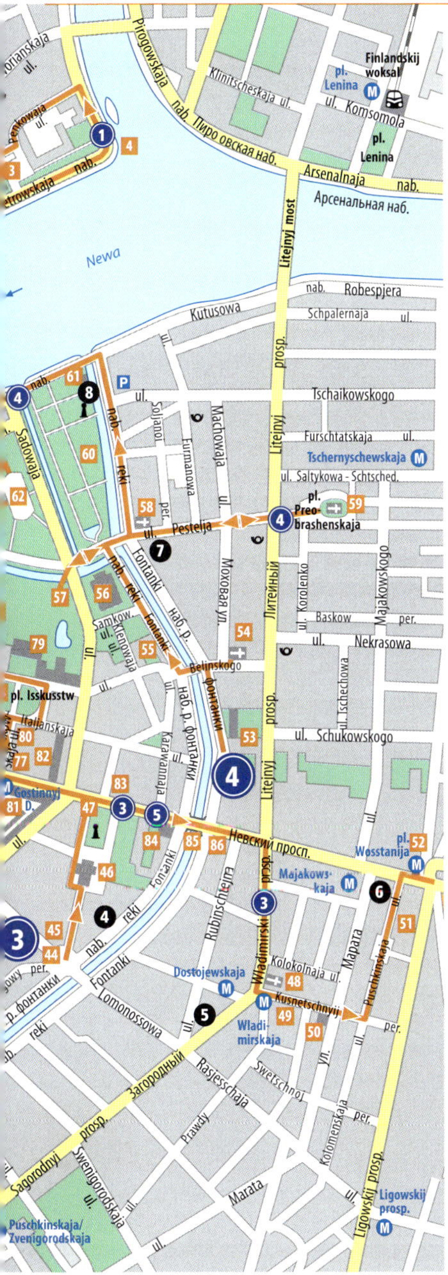

Tour auf der Petrograder Seite

Tour 1

Wo alles begann

1 Dreifaltigkeitsplatz
2 Solowezki-Gedenkstein
3 Haus Peters I.
4 Panzerkreuzer »Aurora«
5 Villa Kschessinskaja
6 Große Moschee
7 Peter-Paul-Festung
8 Peter-Tor
9 Denkmal für Peter I.
10 Peter-Paul-Kathedrale
11 Münzhof
12 Trubezkoj-Bastion
13 Kommandantenlandesteg (Newa-Tor)
14 Kronwerk
15 Kriegsmarinemuseum
16 Kunstkammer
17 Akademie der Wissenschaften
18 Zwölf Kollegien
19 Menschikow-Palais
20 Kirche der Hl. Katharina
21 Akademie der Künste
22 Museum der Geschichte St. Petersburgs
23 Englische Kirche
24 Bobrinskij-Palais
25 Neu-Holland

Touren auf der Moskauer Seite

Tour 2

Plätze und Paläste

26 Schlossplatz
27 Generalstabsgebäude
28 Winterpalais / Eremitage
29 Alexanderpark
30 Admiralität
31 Senatsplatz
32 Denkmal Peters des Großen
33 Senat und Synod
34 Reitschule (Manege)

Fortsetzung S. 72

35 Isaakskathedrale
36 Hotel Astoria
37 Reiterdenkmal Nikolaus' I.
38 Blaue Brücke
39 Marienpalais
40 Jussupow-Palais
41 Mariinskij-Theater
42 Nikolaus-Marine-Kathedrale
43 Heumarkt

Tour 3

Wege der Kunst

44 Lomonossow-Platz
45 Rossi-Straße
46 Alexandrinski-Theater
47 Ostrowskij-Platz/Denkmal Katharinas II.
48 Wladimirkirche
49 Kusnetschnyij-Markt 50 Dostojewskij-Museum
51 Künstlerhaus
52 Platz des Aufstands

Tour 4

Kanäle und Gärten

53 Scheremetjew-Palais
54 Kirche St. Simeon und Anna
55 Zirkus
56 Michaelsschloss
57 Michaelsgarten
58 Kirche des Heiligen Pantelejmon
59 Preobraschenskij-Kathedrale
60 Sommergarten
61 Sommerpalast
62 Marsfeld
63 Marmorpalais
64 Wintergräbchen
65 Puschkin-Museum
66 Glinka-Kapelle

Tour 5

Die Magistrale

67 Blockade-Gedenkstein
68 Tschitscherin-Haus
69 Literaturcafé (Wolff & Béranger)
70 Stroganow-Palast
71 Petrikirche
72 Kasaner Kathedrale
73 Singer-Haus
74 Auferstehungskirche (Blutkirche)
75 Kleiner Glinka-Saal der Philharmonie
76 Stadtduma
77 Katharinenkirche
78 Platz der Künste, Puschkin-Denkmal
79 Michaelspalais/ Russisches Museum
80 Großer Saal der Philharmonie
81 Gostinnyj dwor
82 Passage
83 Feinkostladen Jelissejew-
84 Anitschkow-Palais
85 Anitschkow-Brücke
86 Palais Belosselskij-Beloserskij

Akademie der Künste 21 [A4]

Die 1757 gegründete und im Auftrag von Katharina II. errichtete Akademie der Künste ist die älteste russische Kunsthochschule; der 1764 von Vallin de la Mothe vollendete Bau ist eines der ersten vom Klassizismus inspirierten Gebäude St. Petersburgs. Unterrichtsfächer waren von Beginn an Bildhauerei, Architektur und Malerei. Heute gilt die nach dem russischen Realisten Ilja Jefimowitsch Repin (1844–1930) benannte Akademie als konservativ und konventionell. Einen Eindruck vom traditionsgebundenen Geist der Kunsthochschule vermittelt das **Akademiemuseum** im 1. Stock (nab. Universitetskaja 17, Mi 12–20, Do 11–19, Fr 13–21, Sa, So 11–19 Uhr, www.nimrah.ru).

Gegenüber der Akademie thronen am Newa-Ufer zwei große ägyptische **Sphinxe** aus Theben, der alten ägyptischen Hauptstadt. Nikolaus I. erwarb sie 1832 über einen Mittelsmann in Alexandria und ließ sie nach St. Petersburg bringen, wo sie ein wenig orientalische Exotik verbreiten.

Zwischenstopp: Restaurant

Marketplace 2 €€ [A3]

Ideale Location für eine Mahlzeit zwischendurch. Riesige Auswahl am Buffet, englischsprachige Bedienung, außerdem WLAN und günstige Preise. An manchen Tagen allerdings längere Warteschlangen.

- 7. Linija 34/2
  199004 St. Petersburg | Tel. 784 98 14
  www.market-place.me
  Tgl. 8.30–23 Uhr

Museum der Geschichte St. Petersburgs 22 [A4]

Die Leutnant-Schmidt-Brücke ist die letzte Brücke über die Newa, bevor der Fluss einige Kilometer weiter in den Finnischen Meerbusen mündet. Jenseits der Brücke gelangt man auf den Englischen Kai mit dem **Stadtpalais der Rumjanzews**, in dem eine Außenstelle des Museums der Geschichte St. Petersburgs untergebracht ist. Der elegante Bau mit seinem mächtigen zwölfsäuligen Portikus und dem schönen Tympanon mit dem Hochrelief »Apollo im Panassos« gehörte einst dem Sohn des russischen Feldmarschalls Peter A. Rumjanzew, der sich 1770 im Russisch-Türkischen Krieg besonders verdient gemacht hatte. Vor dem Palais lag 1917 der Panzerkreuzer »Aurora«, der mit seinem Blindschuss den Sturm auf den Winterpalast eröffnete › **S. 60**.

Die Sammlung des Museums schlüsselt die wechselvolle Geschichte der Newa-Metropole auf; Ausstellungsschwerpunkte bilden die Zeit nach der Oktoberrevolution und die 900-tägige Blockade durch die Deutschen im Zweiten Weltkrieg (nab. Anglijkskaja 44, Do–Di 11–17 Uhr).

Englische Kirche 23 [A5]

Die ehemalige Englische Kirche, heute ein Souvenirladen, wurde 1814 von Quarenghi entworfen und besitzt in der ersten Etage einen prachtvoll ausgemalten Festsaal. Von hier aus geht es entlang der Ostseite des Nowo-Admiralitetskij-Kanals in Richtung Neu-Holland.

Bobrinskij-Palais 24 [A5]

Nach der Überquerung der Galernaja uliza, die zum Senatsplatz führt, folgt auf der linken Seite das Bobrinskij-Palais mit einem imposanten sechsseitigen Portikus. Einige der Innenräume, die heute zur geografischen Fakultät der Universität gehören, sind noch recht gut erhalten. Besitzer des Palais war der Sohn Katharinas II. und des Grafen Grigorij Orlow. Hinter der Moika-Brücke liegt rechter Hand noch ein weiteres Palais, das des Großfürsten Alexej Alexandrowitsch, des Bruders Alexanders III. und General-Admirals der Flotte.

Neu-Holland 25 [A5]

Die roten Ziegelbauten gaben der kleinen Moika-Insel den Namen Neu-Holland (Nowaja Gollandija). Weitab von den Palästen findet man hier düstere und verlassene Straßen, über die manchmal eilig eine gebückte Babuschka huscht.

Hier ließ Dostojewskij seinen Romanhelden aus »Schuld und Sühne«, Raskolnikow, an zwielichtigen Schnapsschenken, Spelunken, Verkaufsbuden und Garküchen vorbeischlendern, vor deren Kellerstufen Betrunkene und leichte Mädchen herumlungerten. Und in dieser Umgebung machte sich Raskolnikow dann auf den Weg, um die herzlose alte Wucherin Aljona Iwanowna zu erschlagen.

Das verschwiegene Inselreich von Neu-Holland gibt sich besonders romantisch bei einer Bootsfahrt – noch, denn bald wird es möglicherweise eine Großbaustelle sein › **S. 68**.

MOSKAUER SEITE

Kleine Inspiration

- **Das Muskelspiel meterhoher Giganten bewundern** am Vorbau der Neuen Eremitage › S. 77
- **Ein Selfie vor dem »Ehernen Reiter« schießen,** dem Denkmal Peters des Großen auf dem Senatsplatz › S. 81
- **Der schaurigen Geschichte von Rasputin lauschen** im Keller des Jussupow-Palais › S. 84
- **Unterschiedliche Honigsorten probieren** an den Ständen des Kusnetschnyij-Markts › S. 89
- **In die Bildwelten Archip Kuindschis eintauchen** bei einem Besuch des Russischen Museums › S. 106

Die Moskauer Seite ist St. Petersburgs schönste: Prächtige Paläste und Kirchen, der repräsentative Newskij prospekt, herausragende Theater und Museen, herrliche Plätze und Gärten finden sich hier.

Die Moskauer Seite vereinigt alle bedeutenden Sehenswürdigkeiten der inneren Altstadt: große Plätze mit Palästen, Kirchen und Denkmäler, den prachtvollen Newskij prospekt mit Wohnpalästen und Edelgeschäften, die westliche Altstadt, die sich inzwschen zum Händler- und Künstlerviertel aufgeschwungen hat, und den Ostteil entlang der Fontanka, wo Parks und Gärten locken. Die im Folgenden vorgestellten Touren sind derart gestaltet, dass sie sich an bestimmten Punkten in der Stadt treffen und ein Springen oder das Weiterführen in beliebige Richtungen möglich machen.

Diese Anknüpfungspunkte der Touren sind Neu-Holland im Westen, der Heumarkt im Süden, die Anitschkow-Brücke bzw. der Platz des Aufstands im Osten und das Michaelsschloss im Norden.

Touren auf der Moskauer Seite

Tour 2 Plätze und Paläste

Verlauf: **Schlossplatz › Winterpalast › Eremitage-Museum › Admiralität › Senatsplatz › Isaakskathedrale › Jussupow-Palais › Mariinskij-Theater › Nikolaus-Marine-Kathedrale › Heumarkt**

Karte: Seite 70
Länge und Dauer: 3,5 km, ¾ Tag
Praktische Hinweise:

- Ausgangspunkt Ⓜ Newskij prospekt, Endpunkt Ⓜ Sennaja pl.
- Der Weg durch die Altstadt trifft im Verlauf bei Neu-Holland auf das Ende von Tour 1 › **S. 59** und kann vom Endpunkt Heumarkt aus auch durch das Dostojewskij-Viertel entsprechend Tour 3 › **S. 87** fortgesetzt werden.
- Der lohnende Besuch des Jussupow-Palais ist nur im Rahmen einer Führung möglich.

In der riesigen Isaakskathedrale fühlt man sich als Besucher winzig klein

Tour-Start: Schlossplatz 26 [C3/4]

Der größte und schönste und zugleich geschichtsträchtigste Platz von St. Petersburg ist der Schlossplatz. Zum Schauplatz historischer Ereignisse wurde er 1905, als Zar Nikolaus II. auf 140 000 friedliche Demonstranten schießen ließ, die ihm vor dem Winterpalast eine Bittschrift übergeben wollten. Dieser »Blutige Sonntag« war der Auftakt zu revolutionären Unruhen im ganzen Lande. Und auf dem Schlossplatz ging die zaristische Herrschaft auch zu Ende, als sich die Revolutionäre hier zum Sturm auf den Winterpalast versammelten.

In der Mitte des halbrunden Platzes erhebt sich die 704 t schwere **Alexandersäule**, die allein durch ihr Eigengewicht steht und als höchste Triumphsäule der Welt gilt. Sie wurde 1832 aufgestellt und erinnert an den Sieg über Napoleon.

Generalstabsgebäude 27 ★ [C4]

Auch der **Triumphbogen** des Generalstabsgebäudes feiert den Sieg über die napoleonischen Truppen. Carlo Rossi hat dieses Gebäude geplant, das 1819–29 als ein Halbrund errichtet wurde und auch das Ministerium für Auswärtige Angelegenheiten beherbergte. Im mit hohem Kostenaufwand umgebauten Ostflügel eröffnete 2014 eine neue Filiale der Eremitage, das **Museum für Kunst des 20. und 21. Jhs.** Hier werden Gemälde gezeigt, die zum Teil aus den berühmten Sammlungen Schtschukin und Morozow stammen. Besonders eindrucksvoll ist die Kollektion französischer Malerei, die bedeutende Werke von Claude Monet, Edgar Degas, Auguste Renoir, Paul Cézanne, Vincent van Gogh, Paul Gauguin und Henri Matisse umfasst.

Winterpalast/ Eremitage 28 [C3]

Der grandiose Bau, der die Nordseite des Schlossplatzes einnimmt, war seit der Regentschaft von Elisabeth I., der Tochter von Peter dem Großen, bis zum Ende der Romanow-Dynastie 1917 die Residenz der Zaren. Nach der Oktoberrevolution wurde im Palais mit der Eremitage eines der größten Kunstmuseen der Welt eröffnet.

Bartolomeo Rastrelli erbaute den Palast zwischen 1754 und 1762 in der für ihn charakteristischen Formensprache: Jede der mit Säulen, Statuen und Stuck geschmückten Fassaden hat ihr eigenes Gesicht und bewahrt trotz der gewaltigen Dimensionen grazile Anmut.

Das Innere des Palasts ist ein einziger Rausch feinster Materialien. Schon die **Jordantreppe** hinauf in den ersten Stock ist ein Prolog barocker Pracht; der hohe, lichte Treppenraum ist mit verspiegelten Fenstern, Vergoldungen und Stukkaturen üppig geschmückt. Eines der schönsten unter den mehr als tausend Prunkgemächern ist der **Malachitsaal**: Seine Säulen, Pilaster und Kamine wurden mit zwei Tonnen feinstem Malachit aus dem Ural verkleidet. An ihn schließt der **Weiße Speisesaal** an, in dem die Mitglieder der Provisorischen Regierung in der Nacht der Oktoberrevolution vor den Bolschewiki Zuflucht suchten.

Ausdruck des patriotischen Geschichtsbewusstseins, das sich nach dem Sieg über Napoleons Truppen 1812 in Russland entwickelte, ist die

Der Winterpalast mit seinen prachtvollen Räumen war bis 1917 die Residenz der Zaren

Galerie des Jahres 1812, die von Carlo Rossi als Erinnerungsraum an den sogenannten Vaterländischen Krieg gestaltet wurde.

Katharina II. waren die über 1000 Säle und über 100 Treppen des grandiosen Winterpalasts zu weitläufig. Deshalb beauftragte sie 1764 Jurij Felten mit dem Bau der angrenzenden **Kleinen Eremitage.** Auf der Zwischendecke im Innenhof ließ sie hängende Gärten anlegen. Leider sind die Privatgemächer der Zarin nicht erhalten geblieben, doch kann man den im maurischen Stil gehaltenen und mit Lüstern, Marmorsäulen und Mosaiken überaus prunkvoll ausgestatteten **Pavillonsaal** besichtigen. **50 Dinge** ㉖ › **S. 15.** An die Kleine Eremitage schließt die **Alte Eremitage,** (der sog. »Reservepalast«) an, die ihre frühklassizistische Hauptfassade der Newa zuwendet. Eine Galeriebrücke über den Winterkanal verbindet diesen ebenfalls von Jurij Felten geschaffenen Bau mit dem **Eremitage-Theater,** 1787 nach Plänen von Giacomo Quarenghi fertiggestellt. Sehenswert ist v. a. der halbkreisförmige Zuschauerraum, der sich wie ein Amphitheater nach oben öffnet. An bestimmten Abenden finden hier Konzerte, Theater-, oder Ballettaufführungen statt › **S. 51.**

Das von muskulösen Atlanten getragene Portal an der Millionnaja uliza bildet den Eingang zur 1852 eröffneten **Neuen Eremitage,** der ersten öffentlichen Gemäldesammlung des Landes. Allerdings bedeutete diese Bezeichnung nicht etwa, dass fortan auch das gemeine Volk die Kunstsammlungen der Zaren in Augenschein nehmen konnte – der Zutritt war nur einigen wenigen Auserwählten vergönnt. 1842 hatte Nikolaus I. den als Kunstmuseum geplanten Bau bei dem überragenden Hofarchitekten des bayerischen Königs Ludwig I., Leo von Klenze, in Auftrag gegeben.

Eng gereihte Gemälde in der Eremitage: Fachleute nennen das »Petersburger Hängung«

Eremitage-Museum 3

Winterpalast, Kleine, Alte und Neue Eremitage sowie das Generalstabsgebäude bilden zusammen das Museum der Eremitage. ! Es besitzt mehr als 2,7 Mio. Kunstwerke, von denen nur ca. 65 000 ausgestellt werden können (Di, Do, Sa und So 10.30–18, Mi und Fr 10.30–21 Uhr, www.hermitagemuseum.org).

Bei knapper Zeit sollte man sich am besten auf die **Sammlung westeuropäischer Kunst** konzentrieren, die von Leonardo da Vinci über Tizian, El Greco, Rubens, Rembrandt bis hin zu Cézanne, Picasso und Matisse alle bedeutenden Vertreter der europäischen Malerei zeigt. Die Bedeutung dieser Sammlungen macht nicht die Geschlossenheit einzelner Schulen aus, ihre Einzigartigkeit leitet sich von der großen Anzahl an Meisterwerken ab. Den Grundstein hatte Peter der Große mit seiner Vorliebe für die niederländische Malerei gelegt. Besonders Katharina II. sammelte westeuropäische Malerei mehr programmatisch und kaufte, quer durch Europa, in großem Stil einige der wichtigsten Sammlungen auf. Auch Katharinas Nachfolger verfolgten beharrlich das Ziel einer umfassenden Pinakothek in St. Petersburg. Durch die Beschlagnahmungen nach der Revolution vervierfachte sich der Bestand der Eremitage.

Weitere Schätze des Museums sind ausgestellt in einer Sammlung der Kunst und Kultur Russlands, der Abteilung für Prähistorische Kultur, einer Antiken- und Münzsammlung sowie in der Sammlung von Antiquitäten des Nahen und Mittleren Ostens.

Ein traditionsreiches Kuriosum sind die zahlreichen Palastkatzen. Zarin Elisabeth Petrowna ließ die Mäusefänger in den Palast bringen, und seit dieser Zeit residieren sie in den von warmen Heizungsrohren durchzogenen Kellerräumen der

Erdgeschoss

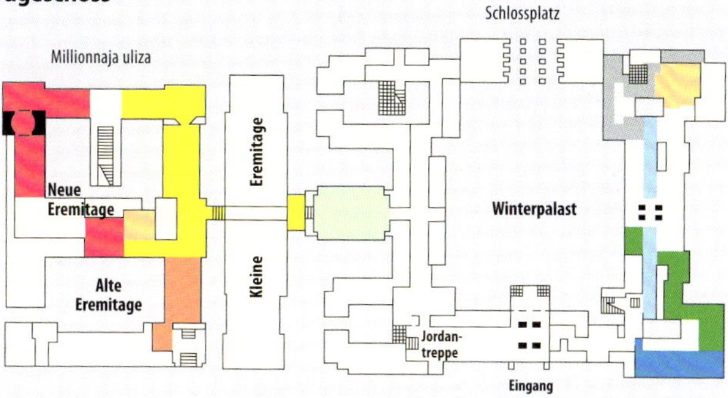

- Altes Ägypten
- Altes Rom
- Italienische Kunst der Antike
- Altai-Stämme und Skythen
- Schatzkammer
- Antikes Griechenland
- Prähistorische Kulturen
- Goldene Horde und Kaukasus
- Osteuropa in der Eisenzeit

1. Obergeschoss

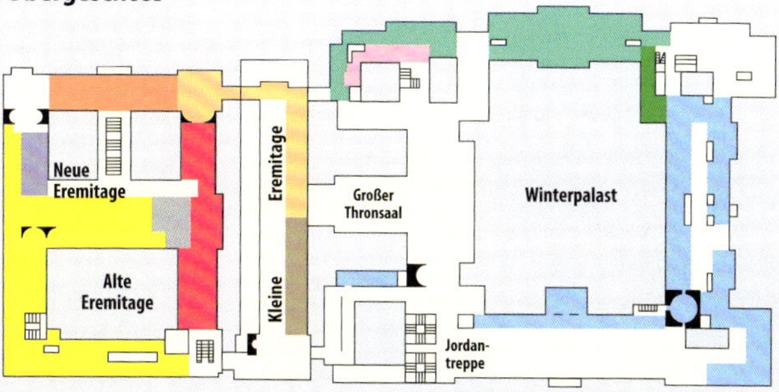

- Italien 13.–18. Jh.
- Spanien 15.–19. Jh.
- Russland 10.–19. Jh.
- Westeuropa im Mittelalter
- Niederlande 15.–17. Jh.
- Waffen und Rüstungen
- Flandern
- Holland
- Deutschland 15.–18. Jh.
- Großbritannien 17.–19. Jh.
- Frankreich 15.–18. Jh.

2. Obergeschoss

- Frankreich 19.–20. Jh.
- Westeuropäische und amerikanische Kunst 19.–20. Jh.
- Byzanz 4.–15. Jh.
- Naher und Mittlerer Osten 3.–19. Jh.
- Münzsammlung
- Indien
- China

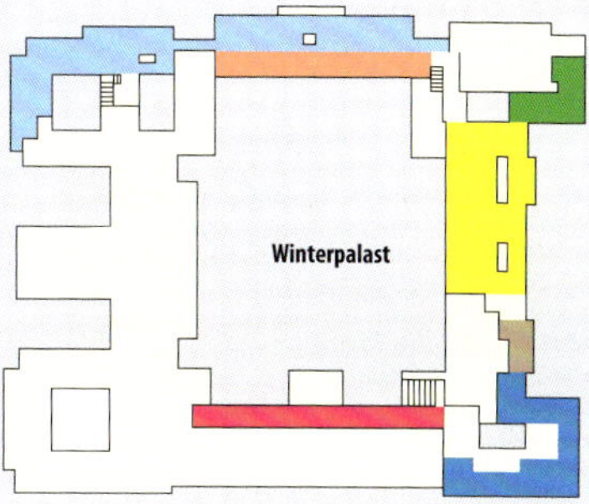

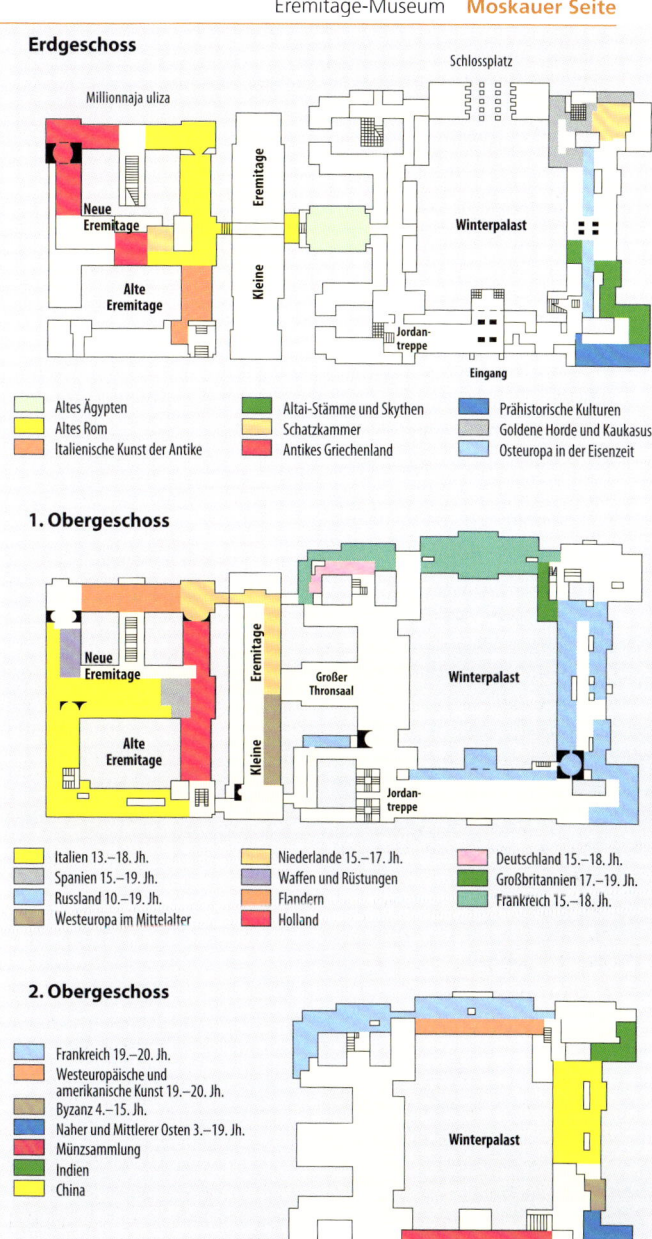

Eremitage, dürfen im Gelände frei herumlaufen und werden vom Wachpersonal auf eigene Kosten versorgt. Spenden sind stets willkommen!

Café und Shopping

Im Untergeschoss der Eremitage gibt es gegenüber dem **Café** mehrere **Museumsshops**, in denen man neben Postkarten und Büchern auch Schachspiele und allerlei russische Souvenirs kaufen kann. Internetnutzer finden kurz vor dem Ausgang ein sehr angenehmes Café mit etwa 20 PCs.

Die Goldene Nadel der Admiralität ist ein Wahrzeichen der Stadt

Alexanderpark 29 [B/C4] und Admiralität 30 [B/C4]

Geht man über den Schlossplatz und in Richtung der goldenen Nadel der Admiralität, kommt man zum **Alexanderpark**, in dem sich die Petersburger gern vom hektischen Treiben auf dem Newskij prospekt erholen. Die Denkmäler im Park sind den Dichtern Gogol und Lermontow, dem Komponisten Glinka und dem Ostasienforscher Prschewalskij gewidmet.

Der architektonische Mittelpunkt nicht nur des Parks, sondern der ganzen Stadt ist die **Admiralität** mit ihrer Goldenen Nadel, die – ebenso wie die Nadel der Peter-Paul-Kathedrale – zu einem Wahrzeichen St. Petersburgs geworden ist. Schon Peter der Große hatte diesen Platz der Admiralität und den Werften zugedacht, und hier liefen auch die ersten russischen Schiffe vom Stapel.

Der Stolz der Russen darauf, endlich eine Seemacht zu sein, wurde augenfällig in Szene gesetzt: Die Skulpturen und Reliefs der Fassade feiern die Herrschaft über die Meere, und im Giebelrelief des zentralen Baus überreicht Neptun Peter dem Großen seinen Dreizack als Symbol der neuen Seemacht.

Senatsplatz 31 [B4]

Der Senatsplatz wird auch Dekabristenplatz genannt, und das aus folgendem Grund: Am 14. (26.) Dezember 1825 kam es zum Aufstand adeliger Dekabristen (»Dezembermänner«), die das Interregnum nach dem Tod Alexanders I. zum Kampf gegen die absolutistische Zarenherrschaft nutzen wollten. Die herbeigerufene Kavallerie rutschte auf dem spiegelglatten Platz aus, so dass es nur noch eines entschlossenen Anführers bedurft hätte, um die Forderungen durchzusetzen. Durch das Zaudern der Dekabristen gelang es dem Tschernigower Garderegiment, den Aufstand doch noch niederzuschlagen.

Denkmal Peters des Großen 32 ★ [B4]

Weltweite Berühmtheit verschaffte dem Senatsplatz das Reiterstandbild Peters des Großen, das Katharina II. 1766 bei dem französischen Künstler Etienne-Maurice Falconet in Auftrag gab. Als »Eherner Reiter« nach dem gleichnamigen Poem von Alexander Puschkin ist es in die Geschichte eingegangen.

Der massive Sockel erinnert an einen Wellenkamm, Sinnbild für den mit Peter dem Großen einsetzenden Erneuerungsprozess Russlands. Der Transport des stattliche 1600 t schweren Steins, den ein Bauer bei Lachta am Finnischen Meerbusen fand, nach St. Petersburg dauerte ganze zwei Jahre: Zentimeter für Zentimeter wurde er auf einer Plattform, die mittels Kugeln auf Bronzeschienen lief, an Seilen bis zum Ostseeufer gezogen. Dort verlud man ihn schließlich auf ein eigens dafür gebautes Schiff.

1782, also 100 Jahre nach der Thronbesteigung Peters des Großen, wurde das Denkmal mit der bedeutungsvollen lateinischen und russischen Inschrift »Peter dem Ersten von Katharina der Zweiten« enthüllt. Heute gilt es als Wahrzeichen der Stadt und verkörpert zugleich die Aufbruchsstimmung in St. Petersburg. Kein Brautpaar lässt es sich nehmen, sich hier nach der Trauung fotografieren zu lassen.

Senat und Synod 33 [B4]

406 m lang zieht sich die Fassade vom Schlossplatz bis zum Senatsplatz, der seinen Namen dem Gebäude des Senats und Synods verdankt, das ihn im Westen begrenzt. Die beiden nach dem Monarchen höchsten weltlichen und geistlichen Institutionen Russlands rief Peter der Große ins Leben. Carlo Rossi, der 1829 mit seinem Entwurf für das Gebäude einen Ideenwettbewerb gewann, verband die beiden lang gestreckten Trakte durch einen **Triumphbogen**, dessen Giebel das russische Staatswappen sowie zwei sitzende Frauenfiguren krönen: Die Frau mit dem verhüllten Gesicht und dem geschlossenen Buch symbolisiert die Frömmigkeit; die Figur mit dem unverhüllten Antlitz und dem offenen Buch in den Händen verkörpert die Gerechtigkeit.

Reitschule der Kavalleriegarde (Manege) 34 [B4]

An die Gebäude des Senats und Synods, in denen das Historische Archiv untergebracht ist, schließt sich im Süden die Reitschule der Kavalleriegarde an. Die Dioskuren Castor und Pollux bewachen den mit Säulen geschmückten Portikus, und das Gebäude erinnert an einen griechischen Tempel.

Der Bau, ein Entwurf Quarenghis, wurde nur kurz seiner Bestimmung gemäß genutzt. Schon bald nach der Fertigstellung 1807 wurde er von den Künsten erobert: Johann Strauß gab hier Konzerte, und heute nutzen die bildenden Künstler den Saal für Ausstellungen.

! Erstklassig

Märchenhafte Aussichten

- **Peter-Paul-Festung** › **S. 62.** Vom Kommandantenlandesteg vor dem Newa-Tor hat man einen herrlichen Panoramablick auf das Schlossensemble am Südufer der Newa und auf die Spitze der Wassiljewski-Insel (Strelka).
- **Wassiljewski-Insel** › **S. 66.** Vom Platz vor der ehemaligen Börse präsentiert sich besonders am Nachmittag die Peter-Paul-Festung in schönstem Licht. Von der Schlossbrücke aus vereinen sich beide Panoramen.
- **Isaakskathedrale** › **S. 82.** Vom Kuppelrand der Kathedrale hat man ganze 360° Stadtpanorama und eine gute Orientierungsmöglichkeit für die Stadtrundgänge.
- **Auferstehungskathedrale des Smolnyj-Klosters** › **S. 116.** Hervorragender vormittäglicher Blick von Osten über die Petrograder und Moskauer Seite der Altstadt.
- **Stein-Insel** › **S. 123.** Vom Westufer aus betrachtet, kommt nicht nur das herrliche Jelagin-Palais auf der gegenüberliegenden Insel prachtvoll zur Geltung.

Isaakskathedrale 35 ★4 [B/C4]

Etwas südlich des Senatsplatzes zeigt die Isaakskathedrale (Isaakiewskij Sobor) ihre monumentale rückwärtige Front (Eintrittskarten im Kiosk rechts). Seit 1931 dient die Kirche als Museum; an hohen kirchlichen Feiertagen wird sie aber wieder für Gottesdienste genutzt.

Die mächtige, wie ein grauer Klotz wirkende Kathedrale mit ihrer weithin sichtbaren goldenen Kuppel ist die größte Kirche Russlands. Ihr Bau unter der Leitung von Auguste Montferrand dauerte volle 40 Jahre (1818–58). Damit der sumpfige Boden unter dem 300 000 t schweren Gebäudekoloss nicht absackte, wurden über 20 000 Baumstämme in die Erde gerammt. Die Aufstellung der 112 Granitsäulen mit bis zu 114 t Gewicht verlangte von den Arbeitern großes technisches Geschick. Mit Hilfe von Gerüsten und Flaschenzügen soll die Aufstellung einer Säule in der Rekordzeit von 45 Minuten gelungen sein. Über 400 000 Menschen waren an der Errichtung des riesigen Sakralbaus beteiligt, viele verloren bei den gefährlichen Arbeiten ihr Leben.

So abweisend die Kathedrale von außen auch wirken mag, im Inneren halten Besucher vor lauter Prunk und Kunstschätzen den Atem an: 400 kg Gold, 1000 t Bronze, über 11 m^2 Lapislazuli und 16 000 kg feinster Malachit sowie 43 verschiedene Mineralien wurden verarbeitet; dazu schmücken über 150 zum Teil großformatige Mosaikbilder und Gemälde die Wände.

Blick von der Aussichtsplattform der Isaakskathedrale

Der Aufstieg zur Plattform, die die goldene Kuppel umgibt, eröffnet ! St. Petersburg aus der Vogelperspektive – bei guter Sicht kann man von hier aus sogar den Finnischen Meerbusen erspähen (Mai bis Sept. Do–Di 10.30–22.30, sonst 10.30–18 Uhr, Aussichtsplattform Mai–Okt. tgl. 10.30–22.30, sonst tgl. außer 3. Mi im Monat 10.30–18 Uhr, www.cathedral.ru).

Isaaksplatz

In der Mitte des Isaaksplatzes, südlich der Kathedrale, steht ein **Reiterstandbild für Nikolaus I.** 36 [C5], den ungeliebten »Gendarmen Europas«. Bemerkenswert ist die Statik des Denkmals, denn es ruht nur auf den beiden Hinterbeinen des Pferdes.

Ein markanter Bau am Isaaksplatz und glänzendes Beispiel für den St. Petersburger Jugendstil ist das **Hotel Astoria** 37 [C4]. Nach Plänen des Architekten Fjodor Lidval 1911–12 erbaut, galt es als eine der ersten Adressen der Stadt. Davon hatten auch die deutschen Besatzer gehört: Im Zweiten Weltkrieg plante das Oberkommando der deutschen Wehrmacht, den vermeintlich nahen Sieg im Bankettsaal des Hotels Astoria zu feiern. Nach einer gründlichen Sanierung ist das Astoria heute wieder ein elegantes Luxushotel. **50 Dinge** (20) › **S. 14.**

Ursprünglich neben dem Hotel Astoria – heute ist es in dieses integriert – stand das **Hotel Anglijskaja,** in dem der Dichter Sergej Jessenin im Jahr 1925 Selbstmord beging. Er gilt noch heute als einer der herausragenden und populärsten Dichter Russlands.

Im nahen Geburtshaus von Vladimir Nabokow in der Bolschaja Morskaja uliza 47 befindet sich das **Nabokow-Museum**. Der Schriftsteller wuchs hier in einer unbekümmerten, von Reichtum geprägten Welt auf, der die Revolution ein abruptes Ende bereitete. Das Museum ist zwar nur spärlich bestückt, aber die eigene Fantasie füllt das Haus viel reicher, als es jede Sammlung könnte (Bolschaja Morskaja ul. 47, Di–Fr 11–18, Sa 12–17 Uhr, http://nabokov.museums.spbu.ru).

Am Moika-Ufer

Geht man weiter zum Marienpalais, das den Isaaksplatz im Süden begrenzt, überquert man die **Blaue Brücke** 38 [B5] über die Moika, die mit ihren fast 100 m die breiteste der Stadt ist. Bis zur Aufhebung der Leibeigenschaft im Jahre 1861 war dies ein Platz, auf dem die Großgrundbesitzer Bauern samt ihren Familien verkauften.

Die Petersburger Stadtverwaltung residiert im **Marienpalais** 39 [C5] in edelster Umgebung, denn die Innenausstattung des 1839–44 von Andrej Stakenschneider für die Tochter von Nikolaus I. errichteten Palasts ist noch erhalten, kann aber derzeit nicht besichtigt werden.

Zwischenstopp: Restaurant

Dolma 3 €€ [C4]

Tolles armenisches Restaurant bei der Isaakskathedrale mit sehr freundlicher Bedienung.

- Poschtamtskaja 1
  190000 St. Petersburg
  Tel. 315 63 88

Jussupow-Palais 40 [B5]

Die Jussupows zählten einst zu den reichsten und mächtigsten Familien des Landes, wovon ihr klassizistischer Palast am Moika-Ufer zeugt. Auch wenn das Gebäude von außen eher schlicht wirkt, im Innern eröffnet sich schier unvorstellbarer Prunk: Mit Marmor, Gold, Edelsteinen, feinsten Hölzern, Mosaiken und Seidenstoffen schuf sich Fürst Jussupow hier ein Domizil, das dem Winterpalast in nichts nachstand (nab. reki Moiki 94, tgl. 11–18, Einlass bis 17 Uhr, www.yusupov-palace.ru).

Grausige Berühmtheit erlangte das Jussupow-Palais 1916 wegen des Mordes an **Grigorij Rasputin**; die schaurige Szene ist im Keller des Palasts nachgestellt. Felix Jussupow und einige andere Verschwörer versuchten zunächst, Rasputin zu vergiften. Zu diesem Zweck lud der Fürst den Wunderheiler, der über große hypnotische Fähigkeiten verfügte, in seinen Palast und servierte ihm mit Zyankali vergiftete Piroggen und Wein. Doch ließ die Wirkung auch nach dem dritten Glas Wein auf sich warten. Daraufhin erschoss Felix Jussupow den Wunderheiler. Seither rankt sich um Rasputins Tod eine Legende, obgleich Wissenschaftler das Geheimnis längst gelüftet haben: Die Wirkung des Giftes wird durch Zucker erheblich eingeschränkt. Und Felix Jussupow hatte Rasputin süße Piroggen und süßen Wein kredenzt. Alle Geheimnisse sind jedoch noch nicht gelöst: Rasputin wurde im Garten des Palasts durch drei Pistolenschüsse getroffen und angeblich

Bei der Ausstattung des Jussupow-Palastes wurde aus dem Vollen geschöpft

leblos in die Newa geworfen. Als man ihn unter der Eisdecke fand, stellten die ärztlichen Gutachter übereinstimmend Wasserbläschen in der Lunge fest: Rasputin muss trotz der tödlichen Verwundung noch gelebt haben …

Mariinskij-Theater 41 ★5 [B6]

Zentrum des Tanzes und des Theaters ist der **Theaterplatz** mit dem weltberühmten Mariinskij-Theater › Special S. 50. Hier wurden fast alle bedeutenden russischen Opern uraufgeführt, und alle namhaften russischen Tänzer traten hier auf – allen voran in den 1960er- und 1970er-Jahren Rudolf Nurejew, Natalia Makarowa und Michail Baryschnikow. **50 Dinge** (9) › S. 13.

Heute sorgt der künstlerische Leiter und Dirigent Walerij Gergijew für stets Aufsehen erregende Inszenierungen. 2013 erfolgte die lange erwartete glanzvolle Eröffnung des Neuen Opernhauses **Mariinskij II.** Der kühne goldene Kubus des Franzosen Dominique Perrault wurde zwar aufgegeben – und das nicht nur aus Kostengründen –, doch ! Hörerlebnisse von Weltklasse verspricht auch der moderne Bau der kanadischen Architekten Diamond & Schmitt mit sechs Bühnen.

Bei ausverkauftem Haus kann man nach Karten für die Matineevorstellungen um 11.30 Uhr fragen, und gelegentlich gibt es Nachtvorstellungen, vor allem in den Weißen Nächten: Beginn ist um 22.30 Uhr (www.mariinsky.ru).

Dem Theater gegenüber blickt die Bronzestatue des Dirigenten Nikolai Rimskij-Korsakow vor dem nach ihm benannten **Konservatorium** recht ernst drein. Südlich des Geländes erinnert eine Statue an den großen Komponisten Michail Glinka, den »Vater der russischen Musik«. Das Rimski-Korsakow-Konservatorium wurde 1862 auf Initiative Anton Ru-

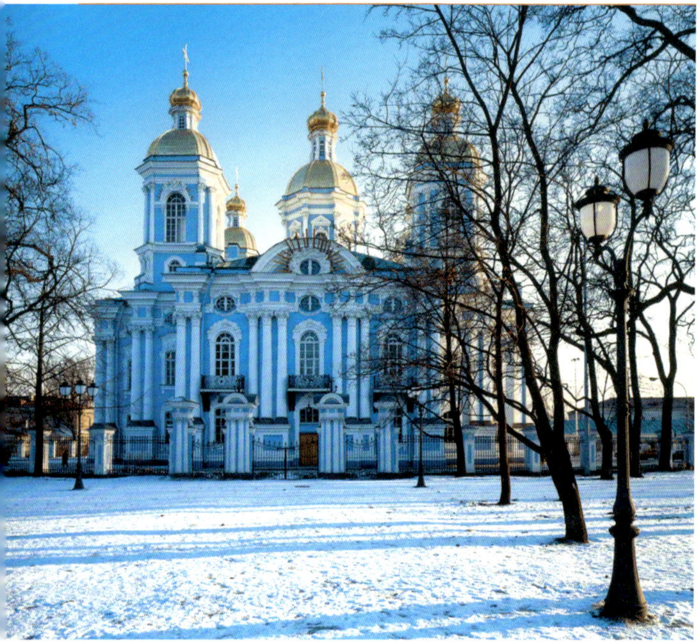

Die Nikolaus-Marine-Kathedrale ist eine der schönsten Kirchen der Stadt

binsteins gegründet; hier wurden so bedeutende Schüler wie Tschaikowskij und Prokofjew, Strawinskij und Schostakowitsch unterrichtet.

Nikolaus-Marine-Kathedrale 42 [B6]

Zu den schönsten Kirchen der Stadt gehört die Nikolaus-Marine-Kathedrale (Nikolskij Morskoj Sobor) mit ihren fünf leuchtenden goldenen Kuppeln. 1753–62 wurde sie nach Plänen von Savva Tschewakinskij auf dem Gelände des ehemaligen Exerzierplatzes des Marineregiments errichtet. Das Innere der Kathedrale ist in eine untere und eine obere Kirche unterteilt. Dieses Prinzip erlaubt es, im kalten russischen Winter den Gottesdienst in die gewöhnlich um einige Grade wärmere untere Kirche zu verlegen (tgl. 7–20 Uhr, Gottesdienste um 7, 10 und 18 Uhr).

Heumarkt 43 [C5]

Auf dem Heumarkt (Sennaja ploschtschadj) angekommen, steht man mitten im Geschehen von Dostojewskijs 1866 erschienenem berühmtem Roman »Schuld und Sühne«. Außerdem war der um 1830 angelegte Markt noch in der zweiten Hälfte des 19. Jhs. eines der wichtigsten Handelszentren der Stadt. Heute befindet sich der Markt auf einem freien Gelände hinter der Metrostation. Ganz in der Nähe lockt das große, moderne **Sennaja-Einkaufszentrum**.

Tour 3 Wege der Kunst

Verlauf: **Lomonossow-Platz › Rossi-Straße › Ostrowski-Platz › Wladimirkirche › Kusnetschnyij-Markt › Dostojewskij-Museum › Künstlerhaus › Platz des Aufstands**

Karte: Seite 70
Länge und Dauer: 4,5 km, ½ Tag
Praktische Hinweise:

- Ausgangspunkt Ⓜ Sennaja pl., Endpunkt Ⓜ Wosstanija pl.
- Literaturfreunde können auf dieser Tour Schauplätze aus Dostojewskijs Romanen erkunden, wer Theater liebt, kommt in der Rossi-Straße auf seine Kosten.
- Am Endpunkt beginnt Tour 6 › **S. 111**, und es nicht weit zu Tour 4 › **S. 91** entlang der Fontanka sowie zu Tour 5 › **S. 100** auf dem Newskij, die man in entgegengesetzter Richtung laufen kann.

Tour-Start: Lomonossow-Platz 44 [E5] und Rossi-Straße 45 ★ [E5]

Der **Lomonossow-Platz** ist nur wenige Schritte über die Gorochowaja uliza vom Heumarkt entfernt. Er liegt an der Fontanka und ist nach dem russischen Universalgelehrten und Gründer der Moskauer Universität, Michail Lomonossow, benannt; an ihn erinnert auch das Denkmal in der Mitte des Platzes.

Hier hat die architektonisch wohl perfekteste Straße der Welt ihren Ausgangspunkt: die **Rossi-Straße** (uliza Sodtschego Rossi). In formvollendeten Proportionen legte Carlo Rossi diese Straße zwischen zwei lang gestreckten Gebäuden an: Sie ist 220 m lang, 22 m breit, die Häuser sind 22 m hoch, und alle Fenster messen 2,20 m. Der nur wenig gewachsene, vielmehr geplante und angelegte Charakter St. Petersburgs kommt in diesem Straßenzug besonders deutlich zum Ausdruck.

Am Ende des Korridors zwischen den beiden identischen Straßenfronten trifft man auf die mit dorischen Säulen verzierte Südfassade des **Alexandrinski-Theaters** 46 [E5]. Das frühere Puschkin-Theater wurde 1828–32 ebenfalls von Carlo Rossi in der für ihn typischen klassizistischen Formensprache errichtet. Den architektonischen Blickfang bildet die Attika am Ostrowskij-Platz mit dem Wagen Apollos, des Schutzherrn der Musen.

Seit seiner Gründung wachte eine strenge Zensur über das Programm des Alexandrinski-Theaters und ließ nur ausgewählte Stücke passieren, darunter die Dramen Gogols, Ostrowskijs und Turgenjews. Tolstois »Macht der Finsternis« hingegen wurde 1887 verboten; auch Gorkis Dramen strich die Zensur vom Spielplan.

Wer sich für Theatertradition interessiert, sollte dem **Museum für Theater und Musik** einen Besuch abstatten. Die Sammlung dokumentiert die Entwicklung der darstellenden Bühnenkunst in Russland (Ostrowskij pl. 6, Do–Mo 11–19, Mi 13–21 Uhr, www.theatremuseum.ru). **50 Dinge** ㉕ › **S. 15**.

Ostrowskij-Platz 47 [E5]

In dem kleinen Park inmitten des nach dem russischen Dramatiker Ostrowskij benannten Platzes erhebt sich das **Denkmal für Katharina II.**, das Zar Alexander II. 1837 in Auftrag gab. Die um das mächtige Piedestal gruppierten Figuren stellen die »Adler der Zarin« dar, die bedeutendsten Vertreter ihrer Politik: Potjomkin, Suworow und Rumjanzew als Militärbefehlshaber, Besborodko und Betzkoj, die Verwaltungsleiter von Kanzlei und Kunstakademie, dem Alexandrinski-Theater zugewandt Tschitschagow und Orlow als Flottenbefehlshaber in Ostsee und Schwarzem Meer. Die Kunst repräsentieren der Dichter Gawriil Derschawin und die Fürstin Daschkowa, von 1783 bis 1796 Präsidentin der Akademie der Wissenschaften.

Wladimir Iljitsch Lenin war häufig im Lesesaal der **Russischen Nationalbibliothek** zu finden. Die reich bestückte Bibliothek, deren lang gestreckte Fassade zum Ostrowskij-Platz hin Statuen von Gelehrten, Dichtern und Philosophen der Antike schmücken, ist mit über 20 Mio. Büchern die zweitgrößte des Landes, ebenso verfügt sie über eine Sammlung wertvoller Inkunabeln und Handschriften sowie die 7000-bändige Bibliothek Voltaires, die Katharina II. nach dessen Tod erwarb. Der Zutritt zu den Lesesälen ist nur mit Benutzerausweis der Bibliothek gestattet.

! Erstklassig

Märkte mit Erlebnisfaktor

- **Kusnetschnyij-Markt** › **S. 89:** Der beste Lebensmittelmarkt der Stadt mit riesiger Auswahl und tollem Ambiente.
- **Sitnyj-Markt** › **S. 65:** St. Petersburgs ältesten Lebensmittelmarkt gibt es schon seit dem Jahr 1711.
- **Junona-Markt:** Hier bekommt man zu günstigen Preisen CDs, DVDs oder Computerprogramme, von Urheberrecht scheinen die Verkäufer noch nie gehört zu haben (Marshala Kazakova ul. 35, Metro Awtowo, dann weiter mit Sammeltaxi, tgl. geöffnet).
- **Poljustrowski-Markt:** Grotesker Tiermarkt unter freiem Himmel (Poljustrowski prospekt 48, Metro Ploschtschad Lenina, weiter mit Sammeltaxi oder Bus Nr. 107, tgl. geöffnet).
- **Udelnaja-Markt:** Sehr authentischer, von Einheimischen besuchter Flohmarkt mit guter Auswahl von Büchern, Kleidung, Musik und Gegenständen aus der Sowjetzeit (Sytinskaja pl. 3/5, Metro Udelnaya, an den Eisenbahnschienen, nur am Wochenende).

Rund um die Wladimirkirche

Geht man vom Ostrowskij-Platz über den Newskij prospekt und die Anitschkow-Brücke und biegt dann nach rechts in den Wladimirskij prospekt, gelangt man in das Viertel, in dem Fjodor Dostojewskij bis zu seinem Tode lebte und dem er sicherlich viele Anregungen für sei-

Karte
S. 70

Frisch auf den Tisch: Stände am Kusnetschnyij-Markt im alten Kutscherviertel

ne Romane verdankte. Bereits im 18. Jh. waren die Straßen um die Wladimirkirche das Wohnviertel der kleinen Leute, der niederen Hofbediensteten, Schneider, Köche, Stallknechte. Auch viele Kutscher wohnten hier, weshalb man die Gegend auch Kutscher-Vorstadt nannte. Mancher Straßenname erinnert noch an die Vergangenheit. Das Viertel galt als eines der berüchtigtsten von St. Petersburg, da es hier quasi an jeder Ecke Kneipen und »öffentliche Hauser« gab.

Nach wie vor Zentrum aller Aktivitäten ist der Platz um die **Wladimirkirche** 48 [F5] (Wladimirskaja Zerkow), ein glänzendes Zeugnis der russischen Architektur des 18. Jhs. Das Gebäude ist erst seit 1989 wieder im Besitz der Kirche. Der Entwurf des gelben Fünfkuppelbaus geht auf Domenico Trezzini zurück, der eindrucksvolle separate Glockenturm wurde 1783 nach Plänen von Quarenghi errichtet. Ein eifriger Kirchgänger hier war Dostojewskij, für den auch 1881 in der Wladimirkirche die Totenmesse gelesen wurde.

Kusnetschnyij-Markt 49 ★ [F5]

! Händler aus dem Kaukasus, aus Usbekistan und Tadschikistan, aus Aserbeidschan und Armenien bieten auf dem Kusnetschnyij-Markt allerlei Köstlichkeiten feil: Kräuter und Gewürze, Trockenfrüchte, Honig aus dem Altai-Gebirge, Nüsse, Rauchfleisch aus Armenien oder geräucherte Pflaumen aus Georgien. Russen und Balten offerieren pikant eingelegte Gurken und Quark sowie *smetana* (fetter Sauerrahm). Vor den Markthallen verkaufen die Petersburger, je nach Jahreszeit, ihre frische Ernte von der Datscha: Blumen, Obst, Gemüse, Pilze oder Beeren. Auf den Kauf von Kaviar zweifelhafter Herkunft sollte man aus Artenschutz- und Gesundheitsgründen allerdings lieber verzichten › **S. 35.**

Zwischenstopp: Restaurant

Eriwan ④ €€ [E5]
Authentische armenische Küche, dazu Granatapfelwein und armenische Biere. Ab 20 Uhr Livemusik.

- nab. reki Fontanki 51
  191023 St. Petersburg
  Tel. 703 38 20 | www.erivan.ru
  Tgl. 12–24 Uhr

Dostojewskij-Museum 50 [F5]

In dem Eckhaus am Ende der Markthalle befindet sich das Museum in der Wohnung des großen Romanciers, in der er bis zu seinem Tode im Jahr 1881 lebte. Allein in St. Petersburg wechselte der rastlose Autor im Laufe von 33 Jahren mehr als zwanzigmal seine Wohnung. Im heutigen **Museum** dokumentieren Fotografien, Schriftstücke und persönliche Besitztümer Dostojewskis Leben und Werk. An dem Schreibtisch im Arbeitszimmer soll er beispielsweise den Roman »Die Brüder Karamasow« geschrieben haben (Di, Do–So 11–18, Mi 13–20 Uhr, www.md.spb.ru). **50 Dinge** ⑦ › S. 12.

Künstlerhaus 51 [G5]

Eine spannende alternative Kunstszene trifft sich im **Künstlerhaus,** das nach seiner Adresse **Puschkinskaja 10** benannt wurde (Eingang Ligowskij pr. 53, www.p-10.ru). 1988 besetzte Leningrads »Underground« das baufällige Haus. Bis heute leben und arbeiten hier Filmemacher, Maler und Bildhauer. Im »Tempel der Liebe, des Friedens und der Musik namens John Lennon« empfängt Beatles-Verehrer Kolja Wasin freitags zwischen 18 und 20 Uhr Gäste.

Das Dostojewskij-Museum versetzt in eine Petersburger Intellektuellenwohnung des 19. Jhs.

50 Dinge ㉓ › S. 15. Nachts trifft man sich in den Musikklubs Fish Fabrique › S. 39 und Experimental Sound Gallery (www.gez21.ru).

Mit dem **Loftprojekt ETAGI** in der ehemaligen Brotfabrik Smolninskij Chlebazavod am Ligowskij prospekt hat die Avantgardeszene eine weitere Heimat gefunden (Nr. 74, www.loftprojectetagi.ru). **50 Dinge** ⑤ › S. 12.

Zwischenstopp: Restaurants

Social Club ❺ €€ [E5]
Beliebtes Restaurant mit großer Weinauswahl. Abends Livemusik.

- Rubinschtejna ul. 40/11
  191022 St. Petersburg | Tel. 925 43 42
  www.socialclub.spb.ru
  So–Do 12–24, Fr, Sa 12–3 Uhr

Jager Haus ❻ € [F5]
Deutsche Speisen auf russische Art zubereitet.

- ul. Marata 4 | 191025 St. Petersburg
  Tel. 315 85 74 | www.jagerhaus.ru
  So–Do 11–1, Fr, Sa 11–2.30 Uhr

Platz des Aufstands 52 [G5]

Zurück auf dem Newskij prospekt erreicht man den Platz des Aufstands (Wosstanija ploschtschadj), benannt nach dem Aufstand der zaristischen Truppen während der Februarrevolution 1917, die den Schießbefehl auf das demonstrierende Volk verweigert hatten. Der 48 m hohe Obelisk mit dem goldenen Stern auf der Spitze wurde 1985 errichtet. Auf dem bekannten Hotel Oktjabrskaja ist entsprechend die Leuchtschrift »Leningrad – Heldenstadt« *(gorod geroij)* zu lesen.

Tour 4 Kanäle und Gärten

Verlauf: Scheremetjew-Palais › Kirche St. Simeon und Anna › Zirkus › Michaelsschloss › Kirche des Hl. Pantelejmon › Preobraschenskij-Kathedrale › Sommergarten › Sommerpalast › Marsfeld und Suworow-Denkmal › Puschkin-Museum › Glinka-Kapelle

Karte: Seite 70
Länge und Dauer: 5 km, 1 Tag
Praktische Hinweise:

- Ausgangspunkt Anitschkow-Brücke, Ⓜ Majakowskaja; Endpunkt Ⓜ Newskij prospekt.
- Die entspannte Tour entlang der Fontanka zur Moika durch die östliche Altstadt berührt am Schlossplatz Tour 2 › S. 75, vom Endpunkt ist es nur ein Katzensprung zu Tour 5 › S. 100.
- Um den Sommergarten richtig genießen zu können, empfiehlt sich – wenn möglich – ein sonniger Tag.

Tour-Start: Scheremetjew-Palais 53 [F4]

Eine der ersten Familien, die sich sogar noch vor der Einfassung der Fontanka hier niederließ, waren die Scheremetjews. Der Feldmarschall Boris Scheremetjew gehörte zum engsten Freundeskreis Peters des Großen und hatte sich um den Aufbau des russischen Heeres außerordentlich verdient gemacht. Zur Belohnung schenkte ihm Peter das Gelände am Fluss, wo sich Graf

Scheremetjew 1750–55 ein Palais erbauen ließ.

Berühmt wurde dieser barocke Prachtbau aber erst Jahrhunderte später, als ihn Anna Achmatowa als »Fontänenhaus« in der Literatur verewigte. Die Dichterin lebte mit ihrem zweiten Mann, dem Kunsthistoriker Nikolai Punin, 1918–50 in einem Seitenflügel des Palais. Anlässlich ihres 100. Geburtstags öffnete hier im Jahr 1989 das **Anna-Achmatowa-Museum** seine Pforten. Die Sammlung zeigt Fotografien, Manuskripte, Briefe und anderes aus dem persönlichen Besitz der Dichterin, einer der größten russischen Lyrikerinnen des 20. Jhs. Im Erdgeschoss des Museums hat man außerdem dem Nobelpreisträger Joseph Brodskij einen Raum gewidmet, der vor seiner Zwangsausweisung aus Leningrad hier in der Nähe in einer Kommunalka (Gemeinschaftswohnung) lebte. Zudem gibt es wechselnde Ausstellungen zur russischen Literatur (Eingang Litejnyj prospekt 51, Di und Do–So 10.30–18.30, Mi 12–20 Uhr, www.akhmatova.spb.ru).

Shopping

Im **Museumsshop** gibt es neben einer umfangreichen Auswahl an Literatur auch Kassetten mit Originalaufnahmen von Anna Achmatowa, Joseph Brodskij und anderen russischen Dichtern.

Kirche St. Simeon und Anna 54 [F4]

Die blauen Türme an der uliza Belenskowo, die man auch auf der Bootsfahrt von der Fontanka auf Höhe der Belinskij-Brücke aus sieht, gehören zur Kirche St. Simeon und Anna. Sie wurde zu Ehren von Anna Petrowna errichtet, der ältesten Tochter Peters I. mit seiner zweiten Frau Katharina I., verheiratet mit Herzog Karl Friedrich von Holstein und Mutter des im Holsteinschen Exil geborenen späteren Zaren Peter III. – und somit Mitbegründerin der Doppeldynastie Romanow-Gottorf. 1731–35 kam hier bereits eine Vorform des altrussischen Stils, der sogenannte Naryschkin-Barock, zur Anwendung.

Zirkus 55 [E4]

Hinter der Belinskij-Brücke westlich der Fontanka ist der Zirkus nicht zu übersehen. Bereits 1714 wurde der erste Elefant aus Persien nach St. Petersburg gebracht, um im sogenannten Elefanten-Hof zu leben, in dem schon verschiedene Raubtiere gehalten wurden, die Peter I. als Geschenk erhalten hatte. Das heutige **Ciniselli-Gebäude** wurde 1877 an der gleichen Stelle errichtet und ist damit der erste feste Zirkusbau in Russland.

Im Zirkus gibt es nicht nur bis zu drei Vorstellungen am Tag › **S. 26**, sondern auch ein **Museum**.

Michaelsschloss 56 [E3]

Wie sich Zar Paul I. Anfang des 19. Jhs. vor etwaigen Feinden im Innern schützen wollte, lässt sich am Michaelsschloss (Michailowskij Samok) ablesen, das mehr Festung ist denn Schloss.

Nach dem Tod seiner Mutter, Katharina II., herrschte in St. Peters-

Bollwerk gegen Feinde: das Michaelsschloss Pauls I.

burg ein intrigenreiches Klima. Paul I., nicht gerade beliebt, rettete sich vor den drohenden Umsturzversuchen in das von Wasser umgebene, festungsartige Schloss. Voller Hoffnung, letztlich aber umsonst, benannte er die Festung nach seinem Schutzengel, dem Erzengel Michael. Paul wurde 1801 – nur 40 Tage, nachdem er aus dem Winterpalast übergesiedelt war – trotz aller Sicherheitsvorkehrungen von Offizieren seiner eigenen Garde im Schlafgemach erwürgt. Der Mord geschah mit dem stillen Einverständnis seines Sohnes Alexander, für den nun der Weg auf den Zarenthron frei war.

Nach dem Attentat stand das Schloss zunächst leer, bis 1823 die Wassergräben zugeschüttet und in den Räumen eine Ingenieursschule eingerichtet wurde, weshalb der Bau seither **Ingenieursschloss** heißt. Heute zeigt hier eine Filiale des Russischen Museums u. a. eine Porträtgalerie berühmter Petersburger, und es gibt eine schöne Aussichtsplattform (Sadovaja ul. 2, Mi und Fr–Mo 10–18, Do 13–21 Uhr).

Vor der Hauptfassade im Süden ließ Paul I. im Jahre 1800 ein **Reiterstandbild Peters des Großen** aufstellen, das Carlo Rastrelli noch zu Lebzeiten des Zaren geschaffen hatte. Mit der eitlen Inschrift »Dem Urgroßvater vom Urgroßenkel« hoffte Paul, sich den welthistorischen Rang Peters des Großen zu sichern.

Zwischenstopp: Restaurant

Botanika 7 €€ [E3]

Café-Restaurant mit vegetarischen Gerichten aus aller Welt und Weinen aus ökologischem Anbau.

- Pestelja ul. 7 | 191028 St. Petersburg
  Tel. 272 70 91
  www.botanika.spb.ru

Michaelsgarten 57 [D/E3]

Hinter dem Michaelsschloss lädt südlich der Moika der Michaelsgarten zu einer Ruhepause ein. Der prachtvolle Landschaftsgarten mit einem schönen **Jugendstilgitter** von A. Perland (1903–1907) auf der Seite der Auferstehungskirche wird nur selten besichtigt und ist umso erholsamer.

Kirche des Heiligen Pantelejmon 58 [E3]

Die barocke Kirche des Heiligen Pantelejmon wurde 1735–39 erbaut und ist ebenfalls von der Fontanka-Bootsfahrt aus zu sehen. Interessant ist die Liste ehemaliger Bewohner der nach einem führenden Dekabristen benannten **Pestelja uliza:** Puschkin schrieb 1833/34 im Haus Nr. 5 seinen »Ehernen Reiter«, der Komponist Mussorgskij wohnte 1871–73 im Haus Nr. 11, auch Rimskij-Korsakow sowie Tschaikowskij (1865) hatten hier ihr Quartier, und der Dichter Joseph Brodskij lebte 1955–72 an der Ecke Litejnyj prospekt.

Preobraschenskij-Kathedrale 59 [F3]

Wer sich für Kirchenarchitektur interessiert, sollte der Pestelja uliza zur Preobraschenskij-Kathedrale folgen, einem Beispiel für die Verbindung altrussischer und klassizistischer Bauformen. Diese Kirche war eine Dankesgeste von Elisabeth I., Tochter Peters des Großen, an das gleichnamige Regiment, das ihr im November 1741 zur Macht verholfen hatte. Doch 1743 brannte das als altrussische Fünfkuppelkirche errichtete Gotteshaus bis auf die Grundmauern nieder und wurde 1827–29 nach den klassizistischen Plänen von Wassilij Stassow wieder aufgebaut. Hier wurde 1893 die Totenmesse für Tschaikowskij zelebriert. In der Literatur wird die Kathedrale auch unter der Bezeichnung »Christi-Verklärungs-Kathedrale« geführt.

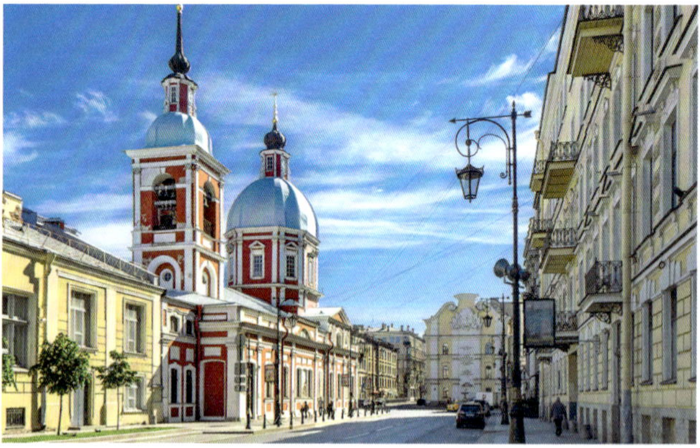

Kirche des Heiligen Pantelejmon am Beginn der Pestelja uliza

Sommergarten

60 ★6 [E2/3]

Geht man wieder die Pestelja uliza zurück, liegt rechter Hand der Sommergarten (Letnij Sad), der zum Pflichtprogramm eines jeden Petersburg-Besuchs gehört. Dieser älteste Park der Stadt, dessen Restaurierung 2012 abgeschlossen wurde, entfaltet zu jeder Jahreszeit einen besonderen Reiz: im Frühjahr und Sommer, wenn die weißen Skulpturen zwischen dem Grün der Bäume und Hecken durchblitzen, aber auch wenn sich im Herbst ein gelbroter Laubteppich ausbreitet. Im Winter verschwinden die stolzen Jünglinge und grazilen Nymphen unter einem Mantel aus Holz, der Garten gehört dann den Krähen, die auf den kahlen Bäumen hocken oder im Schnee nach Futter suchen.

Der Reformzar Peter der Große, der seine Untertanen bis in die persönlichsten Angelegenheiten hinein bevormundete, der die traditionelle russische Kleidung verbot, über das Tragen von Bärten bestimmte, die Höhe von Kaminen entschied und sogar das Holz von Särgen vorschrieb, verfolgte mit dem Sommergarten ein ausgeklügeltes pädagogisches Konzept. All die unzähligen Faune, Götter, Nymphen und Jünglinge, die Peter bei venezianischen Meistern bestellte, sollten seine Untertanen auf spielerische Weise mit westeuropäischem Kulturgut und der antiken Götterwelt vertraut machen. Denn der Zar hatte mehr als eine nur wirtschaftliche Öffnung Russlands im Auge. Allerdings war Peter viel zu sehr ein Mann der

Die Skulptur »Amor und Psyche« im Sommergarten

Sinnesfreuden, als dass er die vergnügliche Seite eines Gartens außer Acht gelassen hätte: Die rauschenden Feste und Maskeraden im Sommergarten, die vor allem während der Weißen Nächte stattfanden, waren in ganz Europa berühmt. Zugänglich war die Parkanlage nur für den Adel. Erst Mitte des 18. Jhs. bestimmte ein Senatsbeschluss, dass der Zutritt auch den Bürgern zu gestatten sei, wenn sie »in anständiger Kleidung« erschienen.

Mit der Gestaltung des Sommergartens hatte der Zar 1704 Leblond und den Gärtner Jan Rosen beauftragt, der kostbare und exotische Pflanzen aus aller Welt darin pflanzte. Leider hat der Park aber sein ursprüngliches Aussehen eingebüßt.

Erhalten geblieben ist lediglich der **Schwanenkanal**, der den Sommergarten im Westen abschließt. Für seine Schönheit weltberühmt wurde der Sommergarten erst Ende des 18. Jhs., als er zur Newa hin mit einem prachtvollen **Eisengitter** aus vergoldeten Rosetten und Spitzen begrenzt wurde. Das nach einem Entwurf von Jurij Felten und Peter Egorow geschmiedete Gitter war wegen seiner anmutigen Eleganz bald in aller Munde und galt als eine der schönsten Kunstschmiedearbeiten der Welt.

Zwischenstopp: Café

In dem kleinen gelben klassizistischen Pavillon ist ein **Café** ❽ [E3] eingerichtet, in dem man die Schönheit des Sommergartens an warmen Tagen auch im Freien auf sich wirken lassen kann.

Sommerpalast 61 [E2]

Im Sommergarten ließ sich Peter I. von Trezzini 1710 den Sommerpalast (Letnij Dworez) errichten. Jeden Sommer bis zu seinem Tod 1725 bezog er das eher bescheidene Domizil; die Wintermonate verbrachte er weiterhin in seinem Blockhäuschen am anderen Newa-Ufer. Im Sommerpalast bewohnte er das Erdgeschoss, seine Frau Katharina den ersten Stock. Die eichene Wandtäfelung, die Kachelöfen sowie das Arbeitszimmer des Zaren belegen, wie sehr Peter an holländischer Gemütlichkeit Gefallen fand. Diverse technische Geräte, darunter ein Windmesser, der mit dem Wetterhahn auf dem Dach verbunden ist, verraten zudem Peters Faible für Handwerkliches und die Seefahrt; die Kleidungsstücke des Zaren lassen seine hünenhafte Gestalt erahnen. Katharina hingegen teilte den schlichten Geschmack ihres Gatten nicht und ließ ihre Räume mit Gemälden und vergoldeten venezianischen Spiegeln ausstatten.

Derzeit (Sommer 2017) ist der Sommerpalast wegen Renovierung geschlossen.

Marsfeld und Suworow-Denkmal 62 [D/E3]

Gleich neben dem Sommergarten, getrennt nur durch den Schwanenkanal und die Sadowaja uliza, liegt das **Marsfeld** (Marsowoje Polje). Militärische Siege wurden schon

SEITENBLICK

Begegnung zweier Herren

Eine »echte Petersburger Anekdote« aus der Mitte des 19. Jhs. erzählt von einem kleinen Segelschoner, der die Newa-Mündung flussaufwärts fuhr und auf der Höhe des Schwanengrabens anlegte. Der Besitzer des Schoners schaute eine ganze Stunde unverwandt auf das Gitter, und eine Mischung von Bewunderung und Neid zeichneten seine Züge. Ein neugieriger Spaziergänger fragte den Besucher auf Englisch: »Kann ich Ihnen behilflich sein, Sir?« Der Engländer erwiderte schroff: »Nein! Es ist zu schön! Tausendmal schöner, als alle Zeichnungen und Stiche, die ich sah. Ich habe mir diese Jacht gekauft, um hierher zu kommen. Ich wollte die geniale Schöpfung begreifen. Jetzt kenne ich ihr Geheimnis und brauche mich nicht länger aufzuhalten. Farewell, Sir!«

»Adieu, Sir!« – antwortete der Neugierige. Man sagt, es soll der Schriftsteller Gontscharow gewesen sein.

Im Sommerpalast verbrachte Zar Peter I. die warme Jahreszeit

seit der Stadtgründung mit Heeresparaden und einer Truppenschau auf diesem nach dem römischen Kriegsgott benannten Platz gefeiert. An Feiertagen gab es Volksfeste.

Das Marsfeld ist eng mit den revolutionären Ereignissen des Jahres 1917 verknüpft, denn nach den ersten Unruhen im Februar und März wurden hier 180 Opfer des Kampfes gegen die zaristische Herrschaft begraben. Im Lauf der Oktoberrevolution kamen weitere Opfer auf Seiten der Bolschewiki hinzu. Zu ihrem Gedenken wurde 1957, am 40. Jahrestag der Revolution, eine Ewige Flamme entzündet.

An der Durchfahrt zur Dreifaltigkeitsbrücke (Troizki most) steht der geniale Feldherr Suworow im Harnisch des römischen Kriegsgottes Mars. Auch dieses **Denkmal** ließ der militärisch geprägte und deshalb verachtete Paul I. am 5. Mai 1801 einweihen, um sich in diese Tradition einzureihen. Er konnte sich jedoch nicht mehr daran erfreuen – am 11. März wurde er im Michaelsschloss ermordet.

Vom Marsfeld zum Puschkin-Museum

Im Westen des Marsfeldes erstreckt sich über 140 m Länge die klassizistische Fassade der 1817–21 nach Plänen von Stasow erbauten **Kaserne des Pawlowsker Grenadierregiments,** das sich im Vaterländischen Krieg 1812–14 so tapfer schlug. Ein imposanter Mittelportikus mit schweren dorischen Säulen vermittelt den Eindruck feierlicher Strenge; die kriegerischen Attribute im Giebelrelief deuten auf den Zweck des Gebäudes hin.

Zwar litt das Russische Reich unter der Prunk- und Verschwendungssucht Katharinas II., doch verdankt die ehemalige Hauptstadt der Zarin einige der schönsten Gebäude, darunter auch das **Marmorpalais** 63 [D3] (Mramornyj Dworez) am Newa-Ufer. Der exquisite Geschmack Katharinas kam hier voll zur Entfaltung: Granit und 32 Marmorarten aus ganz Europa in den feinsten Schattierungen verleihen dem Palais eine dezente Eleganz.

Bereits vor der Fertigstellung des Marmorpalais 1786 bedankte sich die Zarin damit bei einem ihrer zahlreichen Liebhaber, Grigorij Orlow, für seine tatkräftige Mithilfe beim Sturz ihres ungeliebten Gatten Peter III. Orlow revanchierte sich mit dem berühmten Orlow-Diamanten, der in das Zarenzepter eingearbeitet wurde. Doch Orlow verstarb, noch ehe der Bau abgeschlossen war, und Katharina musste das Palais von seinen Erben zurückkaufen.

1937 richtete man im Marmorpalais das Zentrale Lenin-Museum ein, löste die Sammlung allerdings 1992 auf. Heute werden die Räumlichkeiten, die bis auf die Paradetreppe und den Marmorsaal nicht mehr original erhalten sind, vorwiegend für **Ausstellungen** genutzt. Zu sehen sind u. a. russische Underground-Kunst der hervorragenden Sammlung Ludwig und Werke westlicher Künstler wie Andy Warhol, Roy Lichtenstein und Picasso (Millionaja ul. 5/1, Mi–Mo 10–18, Do 13 bis 21 Uhr, www.rusmuseum.ru).

In den Jahren nach seiner Vollendung gab das Marmorpalais den Ton in der Wohnkultur der Noblesse im Viertel zwischen Schlossplatz und Marsfeld an. Diesen Einfluss spiegelt deutlich die **Millionnaja uliza** wider, die an der Südwestecke des Palasts beginnt. Wie schon der Name besagt, war die »Straße der Millionen« eine der ersten Adressen. In den eleganten Häusern wohnten die Reichsten der Stadt. Aber auch Dichter zog es in dieses Ambiente, in dem die reizvolle und geistreiche Fürstin Golyzina einen der glanzvollsten literarischen Salons der Hauptstadt unterhielt.

Bevor man auf der Gelben Brücke die Moika überquert, geht man entlang des **Wintergräbchens** 64 [C3]. Im veränderten Libretto der Tschaikowskij-Oper »Pique Dame« stürzt sich Lisa in diesen Graben, und obwohl die Handlung im Winter spielt, ist das möglich: Das Wintergräbchen friert nie zu, vielleicht der geschützten Lage oder der Abfallentsorgung wegen …

Puschkin-Museum 65 [D3]

Nicht weit entfernt, am Moika-Kai Nr. 12, befand sich Puschkins letzte Wohnung, in der er den Verletzungen aus einem Duell erlag. Heute ist in dem gelb-weißen Stadtpalais ein Museum eingerichtet. 1836 war der Dichter mit seiner jungen, wegen ihrer Schönheit gerühmten Frau Natalia in das frühere Haus seines Freundes, des Dekabristen Fürst Sergej Wolkonskij, gezogen.

Puschkin sollte nur vier Monate im Haus des Freundes leben. Im Dezember 1836 erhielt er einen anonymen Brief, der ihn eindeutig zum Hahnrei stempelte. Zur Rettung der Familienehre forderte Puschkin den vermeintlichen Absender des Briefes, den niederländischen Gesandten Baron van

Heeckeren, zum Duell. Da es das Gesetz verbot, sich mit Vertretern anderer Staaten zu duellieren, hielt Puschkin sich an den Adoptivsohn des Barons, den Gardeoffizier Georges d'Anthès. Am 27. Januar 1837 fand am Schwarzen Flüsschen (Tschornaja retschka) › **S. 123** der folgenschwere Schusswechsel statt, bei dem d'Anthès zu früh zog. Die Nachricht von Puschkins tödlicher Verletzung verbreitete sich wie ein Lauffeuer. Tausende strömten ins Haus an der Moika, um ihm ihre Ehrerbietung zu erweisen. Als Puschkin nach langen Qualen am 29. Januar (10. Februar) 1837 starb, überführte man seinen Leichnam heimlich ins Gouvernement Pskow

Bibliothek im Puschkin-Museum

SEITENBLICK

Verehrung eines Dichters

177 Jahre nach seinem tragischen Tod ist Puschkin in St. Petersburg allgegenwärtig. Denkmäler, Museen, Straßen, Plätze und Kultureinrichtungen erinnern an einen Dichter, der das »Goldene Zeitalter der russischen Poesie« begründete.

Bereits zu Lebzeiten war Puschkin eine legendäre Gestalt und stand im Ruf eines Genies. Den Schwerpunkt seines Werkes bildet die Lyrik, daneben schrieb er aber auch Dramen und widmete sich nach 1830 der Prosa. Sein Schaffen ist geprägt vom Trachten nach politischer Freiheit, was der Zar mit dem Bannspruch ahndete. 1820 musste Puschkin St. Petersburg in Richtung Süden verlassen. Nach seiner Rückkehr 1826 unterstand sein Werk der persönlichen Zensur des Zaren.

Puschkin war jedoch auch ein romantischer Frauenverehrer – und die Frauen verehrten ihn. Sein schönstes Liebesgedicht an eine ungenannte Schöne ist überall in Russland bekannt:

»Ich liebte Sie: Vielleicht ist dieses Feuer
In meinem Herzen noch nicht ganz und gar verglüht,
Doch Ihre Ruh' ist mir besonders teuer,
Durch nichts betrüben wollt' ich Ihr Gemüt.
Ich liebte Sie stumm, hoffnungslos und schmerzlich,
Mit aller Qual, die solche Liebe gibt,
Ich liebte Sie so wahrhaft und so herzlich,
Gott geb's, dass Sie ein andr'er je so liebt!«

und setzte ihn im Kloster Swjatyje Gory neben seiner Mutter bei.

1925 richtete man in seiner letzten Petersburger Bleibe ein **Museum** ein. Bei der Rekonstruktion der Räume halfen Skizzen, die ein Freund von der Einrichtung angefertigt hatte: Die meisten der eleganten Möbelstücke sowie die Bibliothek stammen aus dem persönlichen Besitz des Dichters und zeugen von seinem Feinsinn und guten Geschmack (nab. reki Moiki 12, Mi–Mo 10.30–18 Uhr, www.museumpushkin.ru).

Zwischenstopp: Café

Das nette **Café** 9 [D3] im Innenhof des Puschkin-Museums serviert neben Kaffee, Kuchen und Gebäck auch kleine Gerichte. An warmen Tagen kann man im Freien sitzen.

Glinka-Kapelle 66 [D3]

Die Glinka-Kapelle geht als ein musikalisches Zentrum auf das 16. Jh. zurück, als unter Iwan IV. (dem Schrecklichen, eigentlich *grosny* »dem Strengen«) ein dreißigköpfiger Männerchor als Hofsängerkapelle gegründet wurde. Nach dem Umzug in die neue Hauptstadt soll Peter I. – auch musikalisch groß – manchmal selbst den Bass in diesem Chor gesungen haben. Sein heutiges Aussehen erhielt das Gebäude 1886 von Leontij Benois. Berühmte Komponisten haben hier gewirkt, unter anderem Glinka selbst als Kapellmeister. Vielleicht wegen der Geschichte der Kapelle wird die Gelbe Brücke auch Sängerbrücke genannt.

Tour 5 An der Magistrale

Verlauf: **Newskij prospekt › Literaturcafé › Stroganow-Palast › Kasaner Kathedrale › Auferstehungskirche › Platz der Künste › Russisches Museum › Passage › Jelissejew › Anitschkow-Brücke**

Karte: Seite 70

Länge und Dauer: 3,5 km, 1 Tag

Praktische Hinweise:

- Ausgangspunkt Schlossplatz, Ⓜ Newskij prospekt; Endpunkt Ⓜ Majakowskaja
- Tour 5 ist mit Tour 3 › **S. 87** und Tour 4 › **S. 91** kombinierbar und erreicht stadtauswärts am Platz des Aufstands den Alten Newskij, Ausgangspunkt von Tour 9 › **S. 111**.

Tour-Start: Newskij prospekt ★ 7

Auf dem Newskij prospekt taucht man ein in den hektischen Rhythmus der Fünfmillionenmetropole. Die sechsspurige Prachtstraße ist zu jeder Tageszeit belebt, die Passanten eilen von Geschäft zu Geschäft und begutachten das Angebot. Ein Einkaufsbummel ist für die meisten Russen unmöglich: Die Preise sind zu hoch.

Kurz innehalten sollte man von der Newa kommend auf der linken Seite, wo am Haus Nr. 14 ein kleiner, fast immer mit Blumen geschmückter **Gedenkstein** 67 [C4] an die Opfer des Beschusses während der Blockade erinnert. Obwohl ein –

heute noch sichtbares – Schild zum Verlassen dieser Straßenseite aufforderte, sind viele Passanten beim Artilleriefeuer von den südlich gelegenen Pulkowoer Höhen auf dem Gehweg umgekommen.

Eines der schönsten Gebäude gleich am Beginn der Prachtstraße ist das apricotfarbene **Tschitscherin-Haus** 68 [C4], das sich der damalige Petersburger Generalpolizeimeister Nikolai Tschitscherin 1768–71 nach dem Vorbild des Winterpalasts errichten ließ. Berühmt wurde das elegante Stadtpalais durch die vielen Schriftsteller, die während der Jahre des Kriegskommunismus hier Unterkunft fanden, u. a. Anna Achmatowa, Ossip Mandelstam, Victor Schklowskij und Nikolai Gumliow.

Das **Literaturcafé** 69 [C4] (Literaturnoe kafe) gegenüber, im Haus Nr. 18, war als »Café Wolff & Béranger« im 19. Jh. ein beliebter Treffpunkt der Petersburger Literaten und Künstler. Häufige Gäste waren u. a. Puschkin, der hier vor dem Duell mit dem Gardeoffizier Georges d'Anthès seinen letzten Tee trank, sowie Tschaikowskij, der sich hier – vom Ehrenkodex wegen seiner Homosexualität in den Tod getrieben – vergiftete. Die Buchhandlung nebenan führt eine gute Auswahl an antiquarischen Büchern.

Wachsfigur Puschkins im Literaturcafé

SEITENBLICK

Paläste im Untergrund

Petersburger Metrostationen erinnern eher an prunkvolle Paläste als an Bahnhöfe. Die Liste der zum Ausbau verwendeten Materialien liest sich wie eine Bestellung für den Winterpalast: Marmor – hellgrau und zartrosa aus dem Ural; cremefarben, mit leichtem Perlmuttschimmer von der Krim; tiefrot mit weißer Maserung aus Georgien; ferner roter Granit, glasiertes Porzellan, Porphyr, Bronze, Onyx, Edelstahl und gleißende Kristalllüster. Besonders prunkvoll sind die Stationen Kirowski Sawod, Awtowo › **Abb. S. 25** und Puschkinskaja an der (roten) Linie 1. **50 Dinge** ④ › **S. 12.** 2011 wurde am Westende des Newskij prospekts, in der Nähe der Eremitage, die repräsentative Station Admiralteyskaya der (lilanen) Linie 5 eröffnet, die 102 m unter der Erde liegt und als Europas tiefst gelegene U-Bahnstation gilt. Übrigens: Das Fotografieren mit Blitzlicht auf dem Bahnsteig, in den Eingangshallen und auf den Rolltreppen ist verboten.

Zwischenstopp: Restaurant

Victoria 10 € [C5]

Das Restaurant im Taleon Imperial Hotel serviert von 12–16 Uhr ein preiswertes Mittagsmenü.

- nab. reki Moiki 59
  191186 St. Petersburg | Tel. 324 99 11
  www.taleonimperialhotel.com

Stroganow-Palast 70 [D4]

Vor allem ihr Leib- und Magengericht *Bœuf Stroganow* machte den Namen der mächtigen Familie weltweit bekannt. Ihr Wohnsitz, der Stroganow-Palast am Moika-Ufer, präsentiert sich in formvollendeter barocker Eleganz. 1752–54 gestaltete Bartolomeo Rastrelli den Adelspalast mit üppigem Dekor. Ausdruck des Reichtums der Besitzer sind auch die zwei Zobel, die das Familienwappen im Giebel halten. Die Stroganows waren bedeutende Kunstsammler und nannten eine der größten Petersburger Sammlungen ihr Eigen (nach der Revolution 1917 verstaatlicht). Die Innenräume werden für Ausstellungen des Russischen Museums genutzt, ab und an finden aber auch Konzerte statt. Die ständige Ausstellung im mit einer hohen Galerie ausgestatteten Mineralienzimmer zeigt Teile der Sammlung von Graf Alexander Stroganow (Newskij prospekt 17, Mo, Mi–So 10–18, Do 13–21 Uhr, www.rusmuseum.ru).

Petrikirche 71 [D4]

Alexandre Dumas nannte den Newskij auch »Straße der Toleranz«, weil nichtorthodoxe Gemeinden an dessen Nordseite Kirchen bauen durften. Neben der Holländischen Kirche (1834–39, heute Alexander-Blok-Bibliothek) betraf das auch die evangelische Petrikirche, die der Architekt Alexander Brjullow 1832–38 an Stelle einer alten Kirche von 1730 erbaut hat. Ende der 1950er-Jahre wurde die Kirche im Zuge des militanten Atheismus ein Schwimmbad mit einem Sprungturm in der Altarnische. Die Zuschauerbänke auf den seitlichen Emporen sind noch heute erhalten. In der dahinterliegenden Deutschen oder Peterschule (1710) trifft sich die kleine Gemeinde regelmäßig zur Pflege der deutschen Sprache. Gleichzeitig liegt hier der Amtssitz des evangelischen Bischofs für ganz Russland, Weißrussland und die Ukraine sowie das Kaukasusgebiet und Mittelasien.

Kasaner Kathedrale 72 ★ [D4]

Die Kasaner Kathedrale (Kasanskij Sobor) ist nur eine von vielen Kirchen auf dem Newskij, aber ohne Zweifel die größte und schönste. Ihr Kolonnaden-Halbrund scheint, zwei Armen gleich, weit auszuholen. In dem Park davor hat sich seit den Reformen der Perestroika eine Art Speakers' Corner etabliert; irgendjemand steht hier immer in den Säulengängen und schwingt eine flammende Rede über Russlands Zukunft oder ein anderes wichtiges Thema. Das politische Forum vor der Kasaner Kathedrale hat Tradition: Bereits Georgij Plechanow forderte hier 1876 eine sozialistische Weltordnung und wurde daraufhin verhaftet. Der Baumeister

Vorbild der Kasaner Kathedrale ist der Petersdom in Rom

Andrej Woronichin, ein Leibeigener des Grafen Stroganow, entwarf und baute die Kathedrale 1801–11 in enger Anlehnung an den Grundriss des Petersdoms in Rom.

Nach dem Befreiungskrieg gegen Napoleon (1812) wurde die Kathedrale zu einem nationalen Denkmal. Zwei Standbilder im Park erinnern an Feldmarschall Kutusow und den Fürsten Barclay de Tolly, beide bedeutende Persönlichkeiten im Kampf gegen die Franzosen. Auch der **Innenraum**, in dem heute das **Museum der Religionen** mit einer guten Ikonensammlung seinen Sitz hat, ist Ausdruck patriotischen Bewusstseins: Hier befindet sich das Grab Kutusows, geschmückt mit Bannern und Schlüsseln, die zu den Toren der zurückeroberten Städte gehören. Zahlreiche Trophäen aus dem Krieg gegen die Grande Armée, mit denen die Kirche geschmückt war, werden in verschiedenen Museen aufbewahrt. Während der Sowjetzeit wurde die Kasaner Kathedrale übrigens kurzerhand in ein Museum des Atheismus umfunktioniert (Kasanskaja pl. 2, Do–Mo 10–18, Di 13–21 Uhr).

Singer-Haus 73 [D4]

Gegenüber der Kathedrale steht das Singer Haus, ein beeindruckendes Beispiel für den St. Petersburger Jugendstil. Blickfang des Gebäudes, das Pawel J. Sjusor 1902–04 für die Nähmaschinenfabrik Singer errichtete, ist die glockenförmige Glaskuppel, die ein von Nymphen gehaltener Globus krönt.

In dem Prunkbau residiert heute wieder die größte Buchhandlung der Stadt **Dom Knigi** (»Haus des Buches«) und im Obergeschloss gibt es ein hübsches Café (Newskij prospekt 28). **50 Dinge** (1) › **S. 12.**

Wie ein Märchenschloss aus 1001 Nacht präsentiert sich die Auferstehungskirche

Gribojedow-Kanal

Am Gribojedow-Kanal finden sich die schönsten Brücken der Stadt, deren prächtigste, die **Bankbrücke** mit den viel fotografierten goldenen Greifen, den Kanal bei der Kasaner Kathedrale überspannt.

Auferstehungs-kirche 74 8 [D3]

Spaziert man am Gribojedow-Kanal entlang in Richtung Norden, ist St. Petersburg plötzlich so, wie sich die meisten Besucher Russland vorstellen: Märchenhaft, in Tausenden Farben leuchtend, fesselt die **Auferstehungskirche** (Zerkow Woskressenija) den Blick. Die Kuppeln der Basiliuskathedrale in Moskau und der Wladimir-Kathedrale in Kiew standen Pate für ihre fünf Turmkrönungen (1883–1907). Anlass für den Bau einer altrussischen Kirche in der ansonsten klassizistisch geprägten Stadt war der Mord an Alexander II. am 1. (13.) März 1881. Die Stelle, an der ihn die Bombe der revolutionären Gruppierung »Narodnaja Wolja« (Wille des Volkes) traf, liegt im Innern der Kirche, die erst seit einigen Jahren wieder zugänglich ist.

Aufgrund seiner blutigen Vorgeschichte wird das Gotteshaus im Volksmund »Erlöserkirche auf dem Blut« genannt. Die Wände und Pfeiler des Innenraums sind auf mehr als 7000 m² Fläche von Mosaikbildern aus mehr als 20 Gesteinsarten überzogen. Daher wurde in der Kirche ein **Museum für Mosaikkunst** eröffnet (nab. Kanala Gribojedowa 26, Do–Di 10.30–18 Uhr).

Zwischenstopp: Restaurants

Dom 7 ⑪ €€ [D4]
Beliebte Jazzbar mit Konzerten, die um 21 Uhr beginnen, und einfacher, aber guter russischer Küche.

- nab. Kanala Gribojedowa 7
  191186 St. Petersburg | Tel. 314 82 50
  So–Do 10–24, Fr 12–2, Sa 12–3 Uhr

Shokoladnitsa ⑫ € [D4]
Eine von zahllosen Filialen der am schnellsten wachsenden Kaffeehaus-Kette Russlands.

- nab. Kanala Gribojedowa 18
  191186 St. Petersburg | Tgl. 0–24 Uhr

Shopping

Der **Souvenirmarkt** hinter der Kirche ist eine wahre Fundgrube für Andenken- und Kunsthandwerksammler: Hier türmen sich Matrjoschkas, bunt bemalte Holzlöffel und -schüsseln, schwarze Lackschatullen mit Märchenmotiven, Samoware und noch mehr typisch Russisches. Natürlich gibt es auch die Balalaika und die Okarina (Tonflöte in Vogelform) zu kaufen. **50 Dinge** (33) › **S. 16**.

Kleiner Glinka-Saal 75 [D4]

Der Kleine Glinka-Saal der Philharmonie liegt auf dem Newskij in Haus Nr. 30. Hier hatte das musikalische Leben des 19. Jhs. mit Konzerten von Franz Liszt, Johann Strauß, Richard Wagner, Clara Schumann und Hector Berlioz sein Zentrum. Puschkin und Glinka zählten zu den Besuchern der Konzerte, die von der 1802 gegründeten Philharmonischen Gesellschaft veranstaltet wurden. Im Kleinen Glinka-Saal wird heute Kammermusik gespielt. Das Programm lässt sich der Zeitung »Afischa« oder dem Stadtmagazin »Dosug« entnehmen.

Stadtduma 76 [D4]

Der Turm des lang gestreckten rot-weißen Gebäudes auf der anderen Straßenseite gehört zur Stadtduma, die Katharina II. im Rahmen ihrer Stadtreform von 1785 einrichten ließ. Am Turm der Stadtduma, der ursprünglich als Feuerwehrwachturm geplant war, wurde Ende des 19. Jhs. ein Spiegeltelegraf installiert, der die An- und Abreise des Zaren von und nach Zarskoje Selo › **S. 136** signalisierte. In dem kleinen Portikus nahe der Stadtduma ist heute die zentrale Theaterkasse untergebracht.

Grand Hotel Europe

Direkt gegenüber der Stadtduma glänzt das Grand Hotel Europe › **S. 28** im historisierenden Formenzauber; zu seinen Gästen gehörten so berühmte Persönlichkeiten wie Wladimir Majakowski, Maxim Gorkij und Johann Strauß. Das vornehme Jugendstilhotel verwöhnt heute Gäste aus aller Welt (www.belmond.com). **50 Dinge** (13) › **S. 12**.

Zwischenstopp: Restaurant

AZIA ⑬ €€€ [D4]
Neueres exquisites Restaurant im Grand Hotel Europe mit hervorragender asiatischer Fusionsküche. Minimalistisches Dekor, angesagte Bar.

- Mikhailovskaya ul. 1/7
  191186 St. Petersburg | Tel. 329 66 22
  www.belmond.com
  So–Mi 12–24, Do–Sa 12–1 Uhr

Katharinenkirche 77 [E4]

Die Katharinenkirche ist die katholische Hauptkirche in St. Petersburg. Sie wurde 1762–83 von Vallin de la Mothe und Antonio Rinaldi entworfen, besitzt eine Hauptfassade in Form eines Triumphbogens mit zwei freistehenden Säulen an den Flanken. Die vier Evangelisten und zwei kreuzhaltende Engel beherrschen den Hochgiebel.

Auch die nur wenige Meter entfernte **Armenische Kirche,** 1771–80 von Jurij Felten erbaut, setzt die religiöse Toleranz gegenüber nichtorthodoxen Gläubigen am nördlichen Newskij fort.

Platz der Künste 78 [D/E4]

Die Michailowskaja uliza, eine kleine Nebenstraße des Newskij prospekts, mündet in den Platz der Künste, dessen Ensemble ebenfalls nach Plänen von Rossi erbaut wurde. Hier sind im ehemaligen Palast der Adelsversammlung die renommierten St. Petersburger Philharmoniker zu Hause; und in der Mitte des Platzes erinnert heute ein **Puschkin-Denkmal** an das »Goldene Zeitalter« der russischen Literatur.

SEITENBLICK

Fälschungen

Die wenigsten käuflichen **Ikonen** sind echt. Sollte es sich tatsächlich um Originale handelt, stammen sie meist aus Diebesgut. Zudem ist die Ausfuhr von Ikonen und anderen Antiquitäten strikt untersagt, und bei der Ausreise wird streng kontrolliert. Nationale Kulturgüter dürfen ausnahmslos nur mit Sondergenehmigung ausgeführt werden, die Privatpersonen sehr selten erteilt wird.

Michaelspalais 79 ★9 [E4]

An der Nordseite des Platzes setzt sich das Michaelspalais, ein wahrhaftes Schmuckstück klassizistischer Architektur, denkbar eindrucksvoll in Szene. Könnte man sich für das **Russische Museum** einen schöneren architektonischen Rahmen vorstellen? Carlo Rossi errichtete das strenge Palais 1819–25 für den Großfürsten Michail Pawlowitsch, einen Bruder von Zar Alexander I. Zum Kulturpalast wurde das Michaelspalais erstmals nach dem Tode des Großfürsten, als seine Frau Jelena Pawlowna diese prachtvolle wie herrschaftliche Umgebung für ihre musikalischen Soireen unter der Programmaufsicht von Anton Rubinstein nutzte.

Nach dem Tod der Großfürstin 1873 stand der Palast zunächst leer, bis 1898 das Russische Museum darin eröffnete. Die Sammlung umfasst 300 000 Exponate aus der fast 1000-jährigen Geschichte der russischen Kunst von frühen Ikonen bis zur Gegenwartskunst. Ein Besuch dieses Museums ist ein absolutes Muss, schon allein wegen der großen Sammlung von Gemälden des russischen Realismus (Mo, Mi–So 10–18, Do 13–21 Uhr, www.rusmuseum.ru/eng).

Am Ufer des Gribojedow-Kanals gibt es gleich um die Ecke eine **Dependance des Russischen Museums,** in der häufig sehenswerte Wechselausstellungen stattfinden.

Auf dem Platz der Künste ehrt vor dem Michaelspalais ein Denkmal Alexander Puschkin

Im Ostflügel des Michaelspalais dokumentiert das **Ethnografische Museum** Geschichte, Kultur und Alltag der rund 100 ethnischen Gruppen auf dem Gebiet der ehemaligen Sowjetunion. Vor allem beeindruckt die Abteilung der Völker Sibiriens, bei denen das Schamanentum noch immer lebendig ist (Di 10–21, Mi–So 10–18 Uhr, www.ethnomuseum.ru).

Das 1831–33 nach Entwürfen von Alexander Brjullow erbaute **Michailowski-Operntheater** bildet den westlichen Abschluss des Platzes. Im Gebäude nebenan, jetzt ein Museum, lebte der Maler Isaak Brodskij, der seine künstlerische Laufbahn mit Landschaften begann und dann zu revolutionären Sujets wechselte.

An der Südseite des Platzes befindet sich der **Große Saal der Philharmonie** 80 [E4] › S. 51, Schauplatz des legendären Jubiläumskonzerts zum 300. Geburtstag der Stadt.

Gostinnyj dwor 81 ★ [E4]

An der Südseite des Newskij erstreckt sich über beachtliche 280 m zwischen Stadtduma und Sadowaja uliza das größte und älteste Kaufhaus von St. Petersburg: Gostinnyj dwor. Der »Gästehof«, wie man in Russland die Ladenreihen mit darüberliegenden Lagerräumen und Wohnungen bezeichnete, wurde nach einem Entwurf des Italieners Francesco Rastrelli errichtet und von Vallin de la Mothe 1785 im frühklassizistischen Stil vollendet. Alexander Benua gab der Fassade gegen Ende des 19. Jhs. nochmals ein neues Gesicht. Der Gostinnyj dwor war bis zur Oktoberrevolution mit 53 000 m^2 Verkaufsfläche die erste Einkaufsadresse der Stadt. Das Angebot reicht von mondän-europäisch bis traditionell-russisch.

Auf der Suche nach Mitbringseln lohnt es, die Ladenreihen zu durchstreifen; im 1. Stock gibt es ein Sou-

Das Jugendstildekor macht den Besuch im Feinkostladen Jelissejew zum Erlebnis

venirgeschäft mit einem großen Angebot an schönen bunten Holzschachteln und Schnitzarbeiten (Newskij prospekt 35).

Passage 82 [E4]

Schräg gegenüber dem Kaufhaus Gostinnyj dwor verlockt die überdachte Passage nicht weniger zum Bummeln. Neben einem sehr feinen Souvenirladen findet man hier vor allem Kosmetik, Schmuck und Porzellan (Newskij prospekt 48).

Feinkostladen Jelissejew 83 ★ [E4]

Eine einzigartige Atmosphäre besitzt das 2012 unter dem Namen **Kupetz Jelissejew** wiedereröffnete Lebensmittel-Delikatessengeschäft, das vor der Oktoberrevolution als Feinkostladen Jelissejew in aller Munde war. Die Ladenregale und Theken wurden zum Mekka für wohlhabende Gourmets. Das prunkvolle Jugendstildekor im Innern mit Spiegeln und Kritalllüstern blieb erhalten, hinzugekommen ist ein Café (Newskij prospekt 56).

Anitschkow-Palais 84 [E4]

Das Anitschkow-Palais ist das älteste erhaltene Gebäude am Newskij. Elisabeth I. ließ es 1741–1750 für ihren Favoriten, Graf Rasumowski, bauen. Das Beispiel machte Schule: Das Palais wurde in den folgenden Jahren ein beliebtes Geschenk der Zarinnen an ihre Liebhaber. Gleich mehrmals wechselte es zwischen Katharina II. und ihrem Favoriten Grigorij Potemkin hin und her, den sein ausschweifender Lebenswandel in Schulden stürzte, weshalb er kurzerhand das Palais zu Geld machte. Katharina drückte beide Augen zu und kaufte es zurück, um es Potemkin ein zweites Mal zu schenken. Dieser war dreist genug, es abermals zu verkaufen. Auch die Baugeschichte des Palais ist wechselvoll:

Nicht weniger als sieben Architekten arbeiteten an dem Gebäude, und da jeder den Entwurf des Vorgängers abänderte, gerieten die Proportionen schließlich völlig aus den Fugen. Heute gehört das Palais der Petersburger Stadtverwaltung.

Anitschkow-Brücke 85 ★ [E4]

Die Anitschkow-Brücke über die Fontanka gehört mit ihren vier Rossebändigern aus Bronze zu den schönsten Brücken St. Petersburgs. Nikolaus I. gab die Plastiken 1839 bei Peter Clodt in Auftrag. Innerhalb kurzer Zeit waren die Rossebändiger an den europäischen Höfen das Tagesgespräch. Nikolaus I. schenkte ein Figurenpaar seinem Schwager Friedrich Wilhelm IV. von Preußen, der es vor dem Berliner Schloss aufstellen ließ. Zwei weitere Exemplare gingen an den König von Neapel. Der in verschiedenen Phasen dargestellte Zähmungsprozess, der von einem dramatischen Streit zwischen Mensch und Tier in die Harmonie mündet, beginnt bei den Plastiken vor dem Anitschkow-Palast und setzt sich gegen den Urzeigersinn fort.

Palais Belosselskij-Beloserskij 86 [E5]

Reizvoll ist der Zusammenklang der riesigen Plastiken mit der barocken Fassade des rot verputzten Palais Belosselskij-Beloserskij im Hintergrund. Die schwer tragenden Atlanten sowie die prachtvollen Schaufassaden zum Newskij prospekt und zur Fontanka hin machen den Palast zu einem der schönsten der Stadt. Er entstand noch im Gewand des Klassizismus zu Beginn des 18. Jhs. und wurde erst später barock umgedeutet.

Das Palais Belosselskij-Beloserskij bildet den stilvollen Rahmen für Konzerte

ZENTRALER RAYON

Kleine Inspiration

- **Tschaikowskij und Dostojewskij einen Besuch abstatten** auf dem Tichwiner Friedhof › S. 114
- **Barock in höchster Vollendung bewundern** in der Smolnyj-Auferstehungskathedrale › S. 116
- **Durch den Taurischen Garten zur Orangerie flanieren** und dort in die warme Welt der Tropen eintauchen › S. 119

Der Zentrale Rayon liegt zwar etwas abseits der Innenstadt, die etwas längeren Fußwege lohnen sich aber auf jeden Fall – besonders wegen zweier herausragender Klöster und deren Kathedralen.

Mindestens zwei Bauwerke von Weltrang muss man in Petersburg gesehen haben: Das nach dem Feldherrn und Heiligen Alexander Newskij benannte Kloster mit zwei Friedhöfen, auf denen viele berühmte Persönlichkeiten ihre letzte Ruhe gefunden haben, und das Smolnyj-Kloster, ein Höhepunkt im Schaffen Rastrellis. Das Kloster ist nach dem Teerhof, dem *Smolnyj dwor,* benannt, in dem Teer (russ. *smola)* für die russische Flotte gekocht wurde. Peter hatte ihn etwas außerhalb der Stadt angesiedelt, damit der furchtbare Teer- und Pechgestank nicht die Luft im Zentrum seiner neuen Stadt verpestete.

Touren im Zentralen Rayon

Tour 6 Zum Lawra-Kloster

Verlauf: Platz des Aufstands › Alter Newskij › Alexander-Newskij-Kloster › Mariä-Verkündigungskirche › Dreifaltigkeitskathedrale

Karte: Seite 112
Länge und Dauer: 2 km; ½ Tag
Praktische Hinweise:

- Ausgangspunkt Ⓜ Wosstanija pl., Endpunkt Ⓜ Alexandrowo pl.
- Der Weg kann am Ende mit Tour 7 › **S. 115** verbunden werden, allerding nur zu Fuß am Sinopskij-Ufer (2,5 km). Da es keine Metroverbindung gibt, bleibt als Alternative nur Bus Nr. 58 vom Alexander-Newskij-Kloster über den Suvorovskij prospekt direkt zum Smolnyj-Kloster.

Tour-Start: Platz des Aufstands 1 [G5]

Heute ist der Platz des Aufstands (Wosstanija pl.) › **S. 91** eine hektische Verkehrskreuzung, die den Newskij prospekt mit dem Alten Newskij verbindet. Doch schon Anfang des 18. Jhs. hatte man am Knick der »Großen Perspektive«, wie man die Straßenflucht des Newskij prospekt nannte, einen Platz angelegt, von dem aus die Straße zur damals wichtigen Stadt Nowgorod führte.

Nicht zu übersehen ist am Platz des Aufstands das apricotfarbene Gebäude des **Moskauer Bahnhofs** 2 [G5] mit seinem den Charme des 19. Jhs. versprühenden Uhrenturm. Inzwischen herrscht auf dem größten der fünf Bahnhöfe der Stadt

Die Dreifaltigkeitskathedrale ist der Mittelpunkt des Alexander-Newskij-Klosters

hektische Betriebsamkeit, denn die Strecke St. Petersburg–Moskau gehört zu den meistbefahrenen Russlands. Viermal täglich flitzt der Hochgeschwindigkeitszug »Sapsan« (»Wanderfalke«) in nur vier Stunden nach Moskau. Die regulären Züge benötigen acht bis neun Stunden. Manche Familien richten sich während der Wartezeit inmitten von Kisten und Kartons häuslich ein.

Alter Newskij 3 [G/H5]

Der Alte Newskij ist im Gegensatz zur »Großen Perspektive« planerisch etwas vernachlässigt worden. Noch in der zweiten Hälfte des 19. Jhs. galt er den Petersburgern als Ende der Welt. Doch auch wenn ihn keine so grandiosen Paläste und Kirchen säumen, kann er sich mit seinen eleganten Wohnhäusern aus dem 19. Jh. durchaus sehen lassen.

Alexander-Newskij-Platz 4 [J6]

Nach rund 1,5 km mündet der Newskij prospekt stadtauswärts auf den verkehrsreichen Alexander-Newskij-Platz, der durch seine kreisförmige Anlage auffällt. Den Vorplatz des gleichnamigen Klosters dominiert die nüchterne Fassade des **Hotel Moskwa,** ein Relikt aus sozialistischen Zeiten, das man aber umfassend renoviert hat.

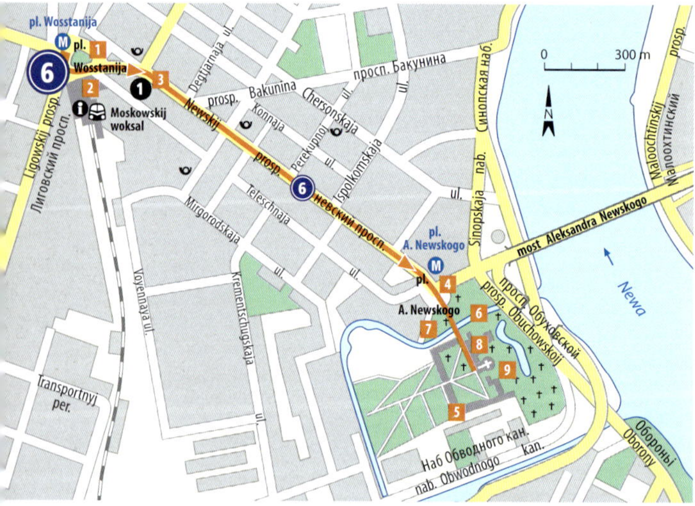

Tour im Zentralen Rayon

Tour 6

Zum Lawra-Kloster

1 Platz des Aufstands
2 Moskauer Bahnhof
3 Alter Newskij
4 Alexander-Newskij-Platz
5 Alexander-Newskij-Kloster
6 Lazarus-Friedhof
7 Tichwiner Friedhof
8 Mariä-Verkündigungskirche/Skulpturenmuseum
9 Dreifaltigkeitskathedrale

Das Alexander-Newskij-Kloster ist Sitz des orthodoxen Metropoliten

Zwischenstopp: Restaurant

Bistro Garçon 1 €€ [G5]
Charmantes Pariser Bistro unweit der Metrostation Wosstanija pl.

- Newskij pr. 95 | 191036 St. Petersburg
  Tel. 717 24 67 | www.garcon.ru
  Tgl. 10–24 Uhr

Alexander-Newskij-Kloster 5 10 [J6]

Mit einer ruhigen, romantischen Atmoshäre empfängt die alte Klosteranlage Alexandro Newskaja lawra, die zu den berühmtesten in Russland zählt, die Besucher. Hier residiert der Metropolit (Oberbischof).

Die Gründung des Klosters geht auf Peter den Großen zurück. Der Nowgoroder Fürst Alexander Jaroslawitsch hatte 1240 an der Newa einen wichtigen Sieg über die Schweden errungen, woraufhin er den vom Fluss abgeleiteten Beinamen Newskij erhielt und 1263 heilig gesprochen wurde. Zum Gedenken an den Feldherrn ließ Peter auf dem vermeintlichen Schlachtfeld nahe der Mündung der Ischora in die Newa eine einfache Holzkirche errichten. 1717 gab er bei Trezzini den Bau der Mariä-Verkündigungs-Kirche in Auftrag. Nach ihrer Fertigstellung wurden 1724 die Gebeine Alexander Newskijs von Wladimir nach St. Petersburg überführt.

Ende des 18. Jhs. erhob Paul I. das Kloster zur *lawra,* einem mit besonderen Privilegien ausgestatteten Kloster, von denen es in ganz Russland bis dahin nur drei gab. Sie waren jeweils Sitz eines Metropoliten und verfügten über ein Priesterseminar.

Das Alexander-Newskij-Kloster war sehr vermögend; es besaß diverse Ländereien sowie Häuser in St. Petersburg. Die lukrativste Einnahmequelle war aber der Verkauf von Grabplätzen, denn wer etwas auf sich hielt, sicherte sich hier seine letzte Ruhestätte (Klosteranlage tgl. 6–19 Uhr, www.lavra.spb.ru).

Karte S. 112

Das Grab des Schriftstellers Dostojewskij auf dem Tichwiner Friedhof

Die Friedhöfe

Der älteste Friedhof der Stadt, der **Lazarus-Friedhof** 6 [J6] (Lazarewskoje Kladbischtsche), war der Aristokratie und hohen Würdenträgern vorbehalten. Erst Ende des 18. Jhs. konnten auch betuchte Kaufleute hier einen Grabplatz erwerben. So sieht man gleich links neben dem Eingang das Grab von Savva Jakowlew, einem russischen Rockefeller, der sich im 18. Jh. mittels Fischhandel und Börsenspekulationen vom armen Bauernsohn zum Millionär aufgeschwungen hatte. Neben Gräbern von Adeligen und der letzten Ruhestätte des Universalgelehrten Michail Lomonossow findet man auf dem Lazarus-Friedhof auch die Grabstätten vieler Petersburger Architekten, darunter die von Carlo Rossi, Andrej Woronichin, Giacomo Quarenghi, Wassilij Stasow sowie Iwan Starow.

Während auf dem Lazarus-Friedhof v. a. adelige Herkunft oder großer Reichtum einen Grabplatz sicherten, war für den westlich gelegenen **Tichwiner Friedhof** 7 ★ [J6] (Tichwinskoje Kladbischtsche) Berühmtheit unbedingte Voraussetzung; er wurde 1823 als Nekropole der Meister der Künste eröffnet. Heute lässt ein Spaziergang zwischen den Gräbern von Rimskij-Korsakow, Tschaikowsky, Borodin, Mussorgskij, Dostojewskij, Nikolai Karamsin, Iwan Krylow und Michail Glinka das Kulturleben St. Petersburgs im 18. und 19. Jh. im Geiste auferstehen. Zur eigentlichen Klosteranlage führt eine kleine Brücke über den Klosterkanal (Friedhöfe im Sommer tgl. 10–19 Uhr, im Winter bis Einbruch der Dunkelheit geöffnet, Eintrittskarten vor dem Klostereingang).

Mariä-Verkündigungskirche 8 [J8]

Mit ihrem hohen Terrassendach und den schmalen Fenstern ist die zwischen 1717 und 1722 erbaute Mariä-Verkündigungskirche (Blagoweschtschenskaja Zerkow) auf den ersten Blick nicht als Kirche zu erkennen, und sie wird auch nicht als Gotteshaus genutzt: Man hat hier das **Museum für Städtische Skulpturen** eingerichtet, dessen Sammlung anhand zahlreicher Grabdenkmäler die Entwicklung der Skulptur vom 18. Jh. bis in die Gegenwart dokumentiert. Daneben sind auch Modelle von St. Petersburger Denkmälern wie dem des Ehernen Reiters oder der Alexandersäule ausgestellt

(Mi–So 11–17 Uhr, Eintrittskarten vor dem Klostereingang).

Die Kirche war die erste von früher insgesamt elf Klosterkirchen. In ihr wurden neben den Gräbern von Peters Lieblingsschwester Natalia Alexejewna, Feldmarschall Suworow sowie Vertretern des Hochadels auch die Reliquien Alexander Newskijs aufbewahrt. Da Katharina II. nicht neben ihrem Ehemann Peter III. begraben sein wollte, ließ sie ihn nicht in der Begräbniskapelle der Zaren in der Peter-Paul-Kathedrale beisetzen, sondern in der Klosterkirche. Erst ihr Sohn Paul I. veranlasste später die Umbettung seines Vaters.

Dreifaltigkeitskathedrale 9 ★ [J8]

Nach Plänen von Iwan Starow 1776–90 im Stil des Klassizismus errichtet, ist die Troizkij Sobor die Patronatskirche des Alexander-Newskij-Ordens, der unmittelbar nach Peters Tod 1725 gegründet wurde. Die vergoldeten Engel über dem Dreiecksgiebel des Hauptportals halten das Wappen des Ordens. Bis heute wird der Namenstag Alexander Newskijs (23. Nov.) und der Tag der Überführung seiner Reliquien (10. Sept.) hier mit einem feierlichen Gottesdienst begangen.

Die von außen recht massiv wirkende Kathedrale, deren Hauptkuppel nach einen Großbrand 2006 wieder errichtet wurde, entfaltet ihre Pracht im Inneren: Mächtige Säulen mit vergoldeten korinthischen Kapitellen gliedern das Langhaus in drei Schiffe. Die Gebeine Alexander Newskijs ruhen in einem silbernen Reliquienschrein unter einem goldenen Baldachin am Ende des rechten Seitenschiffs. Besondere Aufmerksamkeit verdient die Ikonenwand aus Carrara-Marmor und rotem sibirischem Achat, deren vergoldete Türen Ölgemälde rahmen, darunter Kopien von Rubens, Reni und van Dyck.

In der Dreifaltigkeitskathedrale wird zweimal täglich ein Gottesdienst gefeiert › **S. 151**, an dem einmal teilzunehmen sich lohnt, denn die russisch-orthodoxe Liturgie ist ein unvergessliches Erlebnis. **50 Dinge ⑥ › S. 12.**

Tour 7 Wiege der Revolution

Verlauf: **Smolnyj-Auferstehungskloster › Auferstehungskathedrale › Smolnyj-Institut › Kikin-Palast › Taurisches Palais**

Karte: Seite 121

Länge und Dauer: 2,5 km; ½ Tag

Praktische Hinweise:

- Die nächstgelegene Metrostation ist Ⓜ Tschernyschewskaja.
- Besser ist die Anbindung mit Bussen (Nr. 46, 58 oder 136), die vom Newskij aus durch die schönsten Gegenden St. Petersburgs fahren, am späten Nachmittag aber meist hoffnungslos überfüllt sind.
- Möglich ist auch der Fußmarsch vom Alexander-Newskij-Kloster, was aber nur bei schönem Wetter zu empfehlen ist.

Die Smolnyj-Auferstehungskathedrale ist Rastrellis vollendetstes Werk

Tour-Start: Smolnyj-Auferstehungskloster 10 ★ [J/K2]

Mit dem Bau des Klosters (Woskressenskij Smolnyj Monastyr) beauftragte Elisabeth I. 1748 ihren Hofarchitekten Bartolomeo Rastrelli. Da Elisabeth im Gegensatz zu ihrem Vater altrussische Bauformen schätzte, hatte sie eine traditionelle Fünfkuppelkirche gewünscht. Doch sollte die Zarin die Vollendung ihres Alterssitzes nicht mehr erleben: Noch vor Abschluss der Bauarbeiten verstarb sie 1764, und bei ihren Nachfolgern, Peter III. und Katharina II., fiel Rastrelli in Ungnade. Katharina gliederte dem im Rohbau stehenden Klosterkomplex eine Erziehungsanstalt für adelige Mädchen an. Die Bauarbeiten am Kloster jedoch ließ sie nur sporadisch fortführen, und erst 1832–35 wurde die Anlage von Wassilij Stasow weitgehend nach den Originalplänen fertiggestellt.

Auferstehungskathedrale 11 [J/K2]

Im Mittelpunkt der Klosteranlage, deren Grundriss in Form eines griechischen Kreuzes sich an jenen des Alexander-Newskij-Klosters anlehnt, erhebt sich die Auferstehungskathedrale (Woskressenskij Sobor). Der Architekt Giacomo Quarenghi soll jedes Mal, wenn er an dem Meisterwerk vorbeiging, ehrfurchtsvoll den Hut gezogen haben. Die Kathedrale gilt als Rastrellis künstlerisch reifstes und auch vollendetstes Werk. Majestätisch und in rhythmischem Gleichklang schraubt sich die himmelblau-weiß getünchte Kathedrale in die Lüfte. Der palastähnliche Unterbau steht in einem spannungsvollen Kontrast zu der hoch aufragenden Turm- und Kuppelgruppe.

Rastrelli liebte die üppige Fülle: Unzählige Säulenbündel gliedern die Fassade, die mit Engelsköpfen, Voluten und verkröpften Gesimsen verziert ist. Von der klassizistischen Innenausstattung, die nach den Plänen von Wassilij Stasow gestaltet wurde, ist leider nichts mehr erhalten; der Betrachter blickt nur noch auf glatte, weiße Wände.

Die Kathedrale ist berühmt für ihre einzigartige Akustik. Da lag es nahe, sie nach jahrzehntelanger Fremdbestimmung gründlich zu renovieren und als Konzertsaal zu nutzen. Sonntagvormittags sowie an manchen Abenden unter der Woche finden hier klassische Konzerte statt, die aufgrund ihres hohen Niveaus eine breite Zuhörerschaft anlocken.

Wer das Treppensteigen nicht scheut, sollte die Kuppel der Kathedrale erklimmen. **!** Man wird mit einem prächtigen Rundblick über die Stadt belohnt. Der Aufstieg ist nur in Gruppen möglich, aber mit etwas Glück kann man sich irgendwo anschließen (tgl. 11–18 Uhr).

Smolnyj-Institut 12 [K2]

Seiner Bestimmung gemäß wurde das Kloster nie genutzt. Während Elisabeth ein Frauenkloster im Sinn hatte, verfolgte Katharina II. unter dem Eindruck der europäischen Aufklärung mit der Gründung der

SEITENBLICK

Kuppeln und Kreuze

Einige Worte über den Aufbau orthodoxer Kirchen: Die Kuppeln haben immer eine ungerade Anzahl (gerade Zahlen stehen für die Toten) und bedeuten im Zentrum Christus und um sie herum die vier Evangelisten. Gold und Silber werden entsprechend zugeordnet, Blau (mit Sternen) steht für die Gottesmutter, Grün für (lokale Schutz-) Heilige und Schwarz für Memorialkirchen. Das Kreuz besitzt meist noch zwei kleine Querbalken dazu, was dem historischen Golgatha-Kreuz entspricht. Der Halbmond repräsentiert mitnichten den unterworfenen Islam, sondern die Schale, die das Blut des Gekreuzigten aufgenommen hat. Der Glockenturm steht frei und ist durch eine Galerie mit dem Kreuzkuppelbau verbunden. Das Innere ist meist wegen nur kleiner Lichtöffnungen recht dunkel, mit zahlreichen Fresken und einer Ikonostase versehen. Auf dieser Ikonenwand erkennt man in der zweiten Ikone rechts vor der Mitteltür (Zarentor) den Namensgeber der Kirche. Im Inneren stehen Kerzenständer, die man auch benutzen kann – runde für die Lebenden, eckige für die Toten. Eine Orgel sucht man vergebens – die klangliche Untermalung kommt von den Glockenspielen und den Stimmen des Chors und der Gläubigen. Beim Hinausgehen empfiehlt sich an der Schwelle noch ein Blick auf das Allerheiligste; das Kreuz schlägt man mit drei Fingern von rechts nach links und tritt dann wieder in Gehrichtung zur Vordertür hinaus.

Vor dem Smolnyj-Institut steht eines der wenigen verbliebenen Lenin-Denkmäler

»Bildungsanstalt für adelige Mädchen« 1764 eher sozialreformerische Ziele.

Angeregt durch den großen Reformeifer ihres wichtigsten Beraters, Iwan Betskoj, der längere Zeit in Frankreich gelebt und sich mit dem aufklärerischen Ideen gut angefreundet hatte, gründete Katharina II. neben dem im Smolnyj-Kloster untergebrachten Institut in ganz Russland Lehranstalten, um die bis dahin völlig vernachlässigte Volksbildung zu verbessern. Dabei schlossen ihre Erziehungsbestrebungen erstmalig auch Frauen mit ein. Der Unterricht in der »Bildungsanstalt für adelige Mädchen« wollte in erster Linie naturwissenschaftliche Kenntnisse vermitteln: Neben russischer Literatur standen vor allem Physik, Chemie, Astronomie, Mathematik und Geografie auf dem Stundenplan.

1806–08 errichtete man nach Plänen von Giacomo Quarenghi im Süden des Klosterareals sogar ein eigenes Schulgebäude für die jungen Damen, das Smolnyj-Institut. Die architektonische Strenge des klassizistischen Baus lässt die erzieherischen Methoden erahnen, mittels derer die sogenannten *smoljanki* auf ihr Leben am Hof vorbereitet wurden. 1917 schlossen die Sozialisten das Internat und richteten hier ihre Befehlszentrale ein; die Aula wurde zum Sitzungssaal umfunktioniert. Erzählungen zufolge soll Trotzki ein Fahrrad benutzt haben, um in dem weitläufigen Gebäude rasch von Saal zu Saal zu gelangen.

Im Smolnyj-Institut tagte zunächst das Allrussische Zentrale Exekutivkomitee der Sowjets, später dann der Rat der Volkskommissare unter dem Vorsitz von Lenin, der sich mit seiner Frau Nadeschda Krupskaja ein kleines Zimmer im Westflügel eingerichtet hatte. Als Moskau wieder Hauptstadt wurde, hatte die St. Petersburger KPdSU hier ihren Sitz. Heute erinnern nur noch die Statuen von Lenin, Marx und Engels längs der zum Hauptportal führenden Allee an die revolutionäre Vergangenheit.

Zwischenstopp: Restaurants

Restoran Gzhel' ❷ €€€ [H4]

Traditionelle russische Gerichte, fein zubereitet, in edlem Grandhotelambiente.

- Im Grand Hotel Emerald
  Suworowskij pr. 18
  191036 St. Petersburg | Tel. 740 50 00
  www.grandhotelemerald.com
  Tgl. 12–23 Uhr

Versailles Atrium Café 3 € [H4]
Im selben Hotel, bietet kleine Gerichte und Kaffee.

Kikin-Palast 13 [J2]

Folgt man vom Rastrelli-Platz aus der Schpalernaja uliza, liegt rechts der schmucke, im Jahr 1714 (vermutlich) nach Plänen des preußischen Architekten Andreas Schlüter errichtete Kikin-Palast, einer der ältesten Bauten der Stadt.

Alexander Kikin war ein enger Freund und Vertrauter von Alexej, dem Sohn Peters I. Als Peter seinen zarten Sohn vor die Wahl stellte, entweder ins Feldlager oder ins Kloster zu gehen, verhalf Kikin seinem in Bedrängnis geratenen Freund Alexej zur Flucht in den Westen. Peter I. witterte eine Verschwörung gegen seine Person und setzte alles daran, Alexej wieder zurück nach Russland zu holen. Als dieser ein paar Jahre später, 1718, schließlich nach Moskau zurückkehrte, schienen auf einmal sämtliche freundschaftlichen Bindungen aus vergangenen Tagen vergessen: Alexej belastete alle seine Freunde, um sich vor seinem Vater in ein möglichst günstiges Licht zu rücken. So wurde Alexander Kikin, neben zahlreichen anderen Freunden Alexejs, 1718 der Verschwörung beschuldigt und hingerichtet. Danach wurden seine Besitztümer samt und sonders konfisziert, und Peter richtete in seinem Palast 1719 die erste Kunstkammer der Stadt ein; er stellte dort seine Raritätensammlung aus. Auch heute ist das Gebäude der Kunst geweiht: Die mitunter recht schrägen Töne, die man hier zu hören bekommt, werden in der Kindermusikschule erzeugt.

Taurisches Palais 14 [H2]

Durch den **Taurischen Garten,** einen wunderschönen Landschaftspark, der sommers wie winters spielende Kinder und passionierte Schachspieler anzieht, gelangt man zum **Taurischen Palais,** das Katharina II. 1783–89 von I. J. Starow für ihren Liebhaber und politischen Berater

SEITENBLICK

Potemkinsche Dörfer

»Bis in unsere Zeit berühmt ist Potemkin, weil er ganze Dörfer als Attrappen aufstellen ließ, um Katharina bei ihrer Krim-Reise die Erfolge seiner – in Wahrheit gescheiterten – Siedlungspolitik vorzuführen.« So steht es in zahllosen Reiseführern und anderen Büchern – und ist kompletter historischer Humbug. Potemkin hat für ein Zusammentreffen der großen Zarin während ihrer berühmten Südreise 1787 mit dem österreichischen Kaiser Joseph II. bei Feodossija auf der Krim die Häuser einfach nur weißen lassen – was es heute im Übrigen auch noch geben soll. Seine Gegner am Zarenhof wollten daraus eine gezielte Verleumdung konstruieren, die bei der Intelligenz von Katharina II. ohnehin substanzlos war, aber als historische Legende in nahezu alle Geschichtsbücher Eingang gefunden und sich bis in die Gegenwart hartnäckig gehalten hat.

Das Taurische Palais war ein Geschenk Katharinas der Großen an ihren Geliebten Potemkin

Grigorij Potemkin (1739–1791) errichten ließ.

Potemkin hatte sich am Sturz ihres verhassten Gatten Peters III. beteiligt. Katharina revanchierte sich für Potemkins Hilfe, indem sie ihm eine glänzende Laufbahn ermöglichte. Nach der Annektierung der auch Taurien genannten Halbinsel Krim im Jahr 1783 ernannte sie Potemkin zum »Fürst von Taurien«.

Nach seinem Tod 1791 lebte die Zarin selbst einige Monate im Jahr in diesem Palast, dessen kostbare und prunkvolle Einrichtung in aller Munde war. Verschwenderische Üppigkeit zeigt schon die Fläche von mehr als 65 000 m^2; im Katharinensaal konnten mehr als 5000 Menschen Platz finden.

Katharinas Sohn Paul I. ließ jedoch alle Kostbarkeiten ins Michaelsschloss › **S. 92** abtransportieren. Danach übergab er das Gebäude – quasi als späte Rache an seiner Mutter – dem Gardekavallerieregiment, das einige der Säulenhallen zu Pferdeställen umbauen ließ und den großen Kuppelsaal als Reithalle nutzte.

Erst Alexander I. gab den Auftrag zur Renovierung des Palais; es diente ihm als Gästehaus, in dem auch Friedrich Wilhelm III. von Preußen logierte. 1906 wurde erneut umgebaut, als die Reichsduma ihren Sitz hierher verlegte. Dabei wurde der Wintergarten, in dem einst exotische Vögel in einer Voliere herumschwirrten, zum Sitzungssaal für das Parlament umfunktioniert.

Politisch genutzt wurde das Taurische Palais auch nach der Februarrevolution 1917. Lenin legte hier am 4. April 1917, nachdem er aus dem zehnjährigen Exil zurückgekehrt war, seine berühmten Aprilthesen vor, in denen er den Übergang von der bürgerlich-demokratischen Gesellschaft zur sozialistischen Revolution skizzierte. Nach der Oktoberrevolution und dem Sieg der Bolschewiki richtete man im Taurischen Palais zudem die oberste Parteischule der nunmehr Leningrad genannten Stadt ein.

Das Innere des Palais, vor allem die vielen prachtvollen Salons, einstmals Schauplatz rauschender Feste, sind leider nicht öffentlich zugänglich – es sei denn, man ist Teilnehmer an einem der vielen hier stattfindenden Kongresse. Heute ist das Palais Sitz der Zwischenparlamentarischen Versammlung der GUS-Mitgliedsstaaten.

Orangerie 15 [G2]

In der Nordwestecke des Taurischen Gartens, an der Ecke Schpalernaja und Potemkinskaja uliza, liegt die Orangerie. Nach dem Trubel der Großstadt taucht man hier in die ruhige und vor allem warme Welt der Tropen ein – besonders bei Petersburger Schmuddelwetter ein angenehmer Aufenthaltsort. Viele junge Pärchen flüchten sich in dieses Refugium.

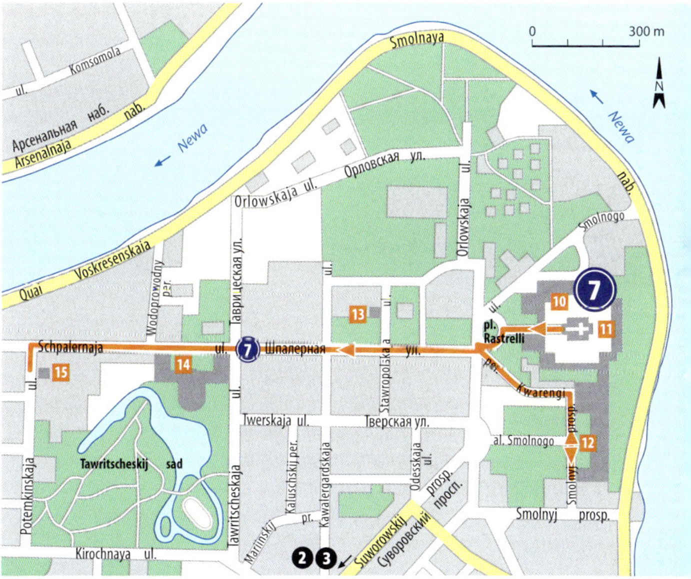

Tour im Zentralen Rayon

Tour 7
Wiege der Revolution

10 Smolnyj-Auferstehungskloster
11 Auferstehungskathedrale
12 Smolnyj-Institut
13 Kikin-Palast
14 Taurisches Palais
15 Orangerie

ABSEITS DES ZENTRUMS

Kleine Inspiration

- **Über die stillen Kieswege der Jelagin-Insel spazieren** und vom Westzipfel den Blick auf die Ostsee genießen › S. 125
- **Von nostalgischen Zugreisen träumen** und sich vom Jugendstil bezaubern lassen im Witebsker Bahnhof › S. 126
- **Der Schrecken des Krieges gedenken** beim Blockade-Denkmal auf dem Platz des Sieges › S. 129

Wer der Hektik der Fünfmillionenmetropole für eine Weile entfliehen möchte, findet in St. Petersburgs Umland neben einigen sehenswerten Bauten diverser Epochen auch Grün und Ruhe.

Bei einem ausgedehnten Spaziergang über die Stein- und Jelagin-Insel im Newa-Delta im Nordosten St. Petersburgs kann man die Natur in der Stadt, historische Gebäude und Gärten entdecken. Zudem eröffnen sich traumhafte Blicke auf die Newa.

Weit im Süden wiederum kommen Geschichtsinteressierte garantiert auf ihre Kosten. Die Vaterländischen Kriege sind das historische Thema, mit dem man bei einem Spaziergang auf dem Moskauer prospekt fast ständig konfrontiert wird. Kein Wunder – der Weg führt Richtung Moskau, und dort mündeten sowohl der Erste Vaterländische Krieg gegen Napoleon als auch der Zweite (Große) Vaterländische Krieg gegen Deutschland in eine entscheidende Phase.

Touren abseits des Zentrums

Tour 8 Inseln im Newa-Delta

Verlauf: **Puschkin-Denkmal › Kamenoostrowskij-Palais › Sommerhäuser des russischen Adels › Kamenoostrowskij-Theater › Jelagin-Palais › Schlosspark**

Karte: Seite 124

Länge und Dauer: 6 km; ½ Tag

Praktische Hinweise:

- Diese Tour führt weitab vom Großstadttrubel auf Inseln in der Newa, wo Parks zu erholsamen Spaziergängen einladen. Start- und Endpunkt Ⓜ Tschornaja retschka.

Treppenhaus im Witebsker Bahnhof

Tour-Start: Stein-Insel

An der Metrostation Ⓜ Tschornaja retschka erinnert ein **Denkmal** **1** an das folgenschwere Duell Puschkins 1837 › **S. 98**. Über die Uschakowskij-Brücke geht es dann hinüber auf die Stein-Insel (Ostrow Kamennyj), wo man linker Hand das **Kamenoostrowskij-Palais** **2** erreicht. Es wurde von Katharina II. für ihren Enkel Paul in Auftrag gegeben und durch die Hofarchitekten Jurij Felten (Georg Friedrich Veldten) und Wassilij Baschenow 1776–81 errichtet. Der Leibarchitekt des Urenkels Alexanders I., Wassilij Petrowitsch Stassow, gestaltete das Palais 1801 für seinen Herrscher um. Zur Anlage gehört auch eine schöne **Orangerie** **3**. Das Palais wird als Militärhospital genutzt.

Sommerhäuser des russischen Adels

Bis zu ihrer Enteignung lebten zahlreiche Adelige in luxuriösen Holzdatschen auf der ! idyllischen Stein-Insel und auch einige, die es in ihrem Gefolge zu etwas gebracht hatten, wie der Hofschneider Follenweider. Entlang des Südufers an der kleinen Newka erreicht man bald die **Oldenburg-Datsche** 4 und ein Stück weiter die Straße hinunter das **Mertens-Haus** 5 sowie zwei schöne Jugendstilgebäude des Architekten Roman Melzer aus den Jahren 1904 und 1906: das **Follenweider-Haus** 6 (Bolschaja alleja 13) und das **Melzer-Haus** 7 (Polewaja alleja 8).

Zwischenstopp: Restaurant

Na Retschke 1 €€

Leckere russische Kost – viel Fisch – in einem Terrassenlokal am Fluss.

- Olgina ul. 8 | 197110 St. Petersburg
  Tel. 230 03 47
  www.ginza.ru
  Mo–Fr ab 11, Sa, So ab 12 Uhr

Kamenoostrowskij-Theater 8

An der Westspitze der Stein-Insel gibt es noch ein veritables (Sommer-)Theater. Es wurde 1827 von Schustow errichtet, wurde aber sehr bald Opfer eines Feuers. 1844 baute der Architekt Albert Cavos das Theater in seiner heutigen Form

Tour im Newa-Delta

Tour 8

Inseln im Newa-Delta

1 Puschkin-Denkmal
2 Kamenoostrowskij-Palais
3 Orangerie
4 Oldenburg-Datsche
5 Mertens-Haus
6 Follenweider-Haus
7 Melzer-Haus
8 Kamenoostrowskij-Theater
9 Jelagin-Palais
10 Orangerie
11 Schlosspark

Das klassizistische Jelagin-Palais schuf Carlo Rossi als Landsitz für den Zarenhof

wieder auf. Von hier aus hat man einen wunderschönen Blick auf das Jelagin-Palais.

Jelagin-Insel

Über die 1. Jelagin-Brücke erreicht man die Jelagin-Insel (Ostrow Elagin), die kleinste Insel im Newa-Delta. Früher ein Revier für die Bärenjagd, ist sie heute ein beliebtes (weil autofreies) Naherholungsgebiet der Petersburger.

1770 erhielt der Hofmarschall Jelagin von Katharina II. das Areal und ließ das Schloss und den Park anlegen. Dann erwarb Alexander I. die Insel für seine kunstsinnige Mutter, eine Prinzessin aus Württemberg, und ließ durch den Stararchitekten Rossi den klassizistischen **Jelagin-Palast** 9 anlegen. Der Halbrundbau mit Kuppel und umlaufenden Kolonnaden erinnert an Pawlowsk › **S. 139** und beherbergt heute das **Museum für Dekorative Kunst** (Di–So 10–18, Mi 13–20 Uhr). Der nach seiner Zerstörung im Zweiten Weltkrieg wieder aufgebaute Palast bietet einen fantastischen Blick über den Schlosspark, zu dem auch die **Orangerie** 10 gehört, ebenfalls einer der ersten Petersburger Bauten von Rossi.

Schlosspark 11

Den herrlichen, von Josef Busch reizvoll gestalteten Landschaftspark durchziehen fünf nördliche (*severnyj prud*) und drei südliche (*juzhnyj prud*) Wege. Am schönsten ist der Rückweg zum Ausgangspunkt entlang dem südlichen Ufer der Mittleren Newka (*Srednaja Newka*), dann wieder über die 1. Jelagin-Brücke und weiter am Ufer der Großen Newka (*Bolschaja Newka*) zur Uschakowskij-Brücke und zur Metrostation. **50 Dinge** (2) › **S. 12**.

Tour 9 Moskauer Vorstadt

Verlauf: Witebsker Bahnhof › Dreifaltigkeitskathedrale › Moskauer Prospekt › Moskauer Tor › Park des Sieges › Tschesme-Kirche › Moskauer Platz › Platz des Sieges

Karte: Seite 128
Länge und Dauer: 9,5 km; ½ Tag
Praktische Hinweise:

- Ausgangspunkt Ⓜ Puschkinskaja, Endpunkt Ⓜ Moskowskaja.
- Wer nicht die gesamte Strecke durch die Moskauer Vorstadt zu Fuß zurücklegen möchte, kann für einzelne Teilstrecken zwischen den Sehenswürdigkeiten auch die Metro benutzen.

Tour-Start: Witebsker Bahnhof 12 [D6]

Metrostation Ⓜ Puschkinskaja und erster Besichtigungspunkt in einem ist der Witebsker Bahnhof, an dessen Standort sich einst der älteste Bahnhof Russlands befand. Von hier fuhren die Zahren in ihre Sommerresidenz Zarskoje Selo. Nach jahrelanger Restaurierung erstrahlt der Bau heute wieder in prachtvollem Jugendstil. 1904 von den Architekten S. Brschosowskij, S. Minasch und N. Ostrowskij erbaut, sind besonders der Wartesaal, das Treppenhaus und das Restaurant reich mit Jugendstilmotiven verziert.

Außerdem ist auf einem Sondergleis die erste russische Eisenbahn von 1837 zu sehen, die von St. Petersburg in die Zarenresidenz Zarskoje Selo ratterte.

Dreifaltigkeitskathedrale 13

Die Dreifaltigkeitskathedrale – eigentlich müsste man in der Orthodoxie Dreieinigkeit sagen – ist auch als **Ismajlowskij-Kathedrale** bekannt und wurde 1828–35 nach Plänen von Wassilij Stassow in klassizistischem Stil erbaut. Ihre fünf leuchtend blauen Kuppeln sind auf der Bootsfahrt auf der Fontanka beim Abzweig in den Krjukow-Kanal nicht zu übersehen, vor allem im Winter, wenn eine leichte Schneedecke auf ihnen liegt, umgibt sie ein besonderer Zauber.

Moskauer Prospekt (Moskowskij prospekt)

Kerzengerade führt der Moskauer Prospekt 11 km mit einer Breite von bis zu 60 m vom Heumarkt › S. 86 nach Süden. Erster Stopp ist ein nur selten besuchtes, aber sehenswertes Kloster, das **Neujungfrauen-Auferstehungskloster** 14 mit der Kirche der Gottesmutter von Kasan, erbaut 1845 von Jefimow, und dem südlich anschließenden Neujungfrauen-Friedhof, auf dem vor allem viele bekannte Dichter liegen.

Moskauer Tor (Moskowskije worota) 15

Zwei Triumphtore zeigen in die Richtungen, aus denen die meisten Besucher kamen und bis heute kommen: das Narwa-Tor nach (Süd-)Westen an der Metrostation

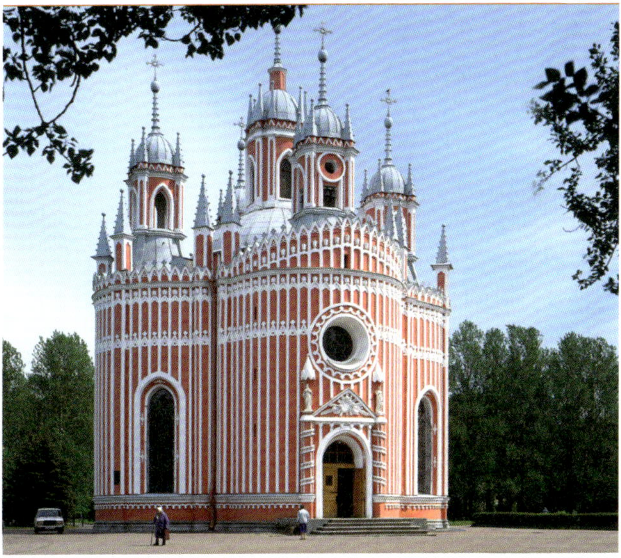

Der Fassadenschmuck der ungewöhnlichen Tschesme-Kirche erinnert an die Gotik

Narvskaja und das Moskauer Tor am gleichnamigen Prospekt an der Metrostation Ⓜ Moskowskije worota. Das 1834–38 von Wassilij Stasow mit 15 m hohen Säulen geschmückte Tor besteht vollständig aus Gusseisen.

Park des Sieges 16

Wie fast der gesamte Moskauer Prospekt wurde auch der Moskauer Park des Sieges nach 1945 angelegt. Die Architektur dieses eigenen Stadtgebietes gehört dem Neo-Eklektizismus der Stalinzeit an, dessen Balkone, Erker und Türmchen zeigen sollten, dass die moderne Macht genauso bauen konnte wie die adeligen Vorgänger. Natürlich stand dies unter der Devise »Alles für das Volk« – so auch der 68 ha große Park des Sieges, der eigens als Erholungspark geschaffen wurde.

Tschesme-Kirche 17

Die kleine Tschesme-Kirche ist der vielleicht ungewöhnlichste Kirchenbau in St. Petersburg. Bei der Gestaltung der Fassade verwendete Architekt Jurij Felten 1777–80 Elemente, die an die Gotik erinnern: hohe schlanke Spitzbögen, Fialen und Kleeblattmotive. Trotzdem sind in diesem klassischen Kreuzkuppelbau mit einer Zentralkuppel und vier Konchen (Apsiden) auch spätbarocke Elemente zu finden, z. B. das runde Fenster über dem Westportal und der darin enthaltene Dreiecksgiebel.

Diese Memorialkirche widmete Katharina II. dem Sieg über die türkische Flotte bei Tschesme durch ihren Günstling Orlow. Auf der Fahrt nach Zarskoje Selo bzw. Pawlowsk konnte der Hofstaat hier Gebetspausen einlegen.

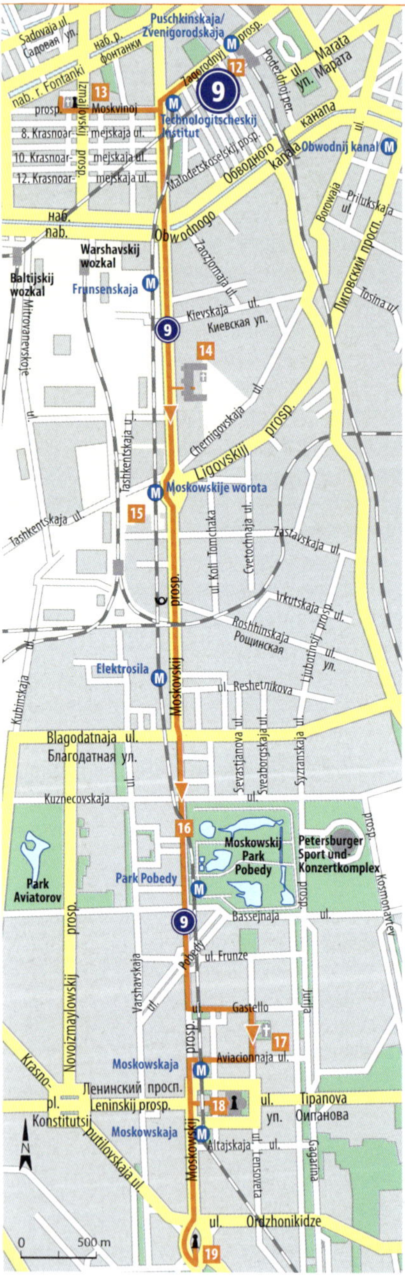

Tour durch die Moskauer Vorstadt

Tour 9

Moskauer Vorstadt

- 12 Witebsker Bahnhof
- 13 Dreifaltigkeitskathedrale
- 14 Neujungfrauen-Auferstehungskloster
- 15 Moskauer Tor
- 16 Park des Sieges
- 17 Tschesme-Kirche
- 18 Moskauer Platz und Lenin-Denkmal
- 19 Platz des Sieges und Blockade-Denkmal

Moskauer Platz und Lenin-Denkmal 18

Am weiten Moskauer Platz steht etwas zurückgesetzt das massige Rathaus der Moskauer Vorstadt, wegen seiner halbrunden vertikalen Pilaster im Volksmund auch »Stalinorgel« genannt. Davor steht der »tanzende Lenin«, ebenfalls im Volk so benannt wegen seiner kühnen Körperdrehung und dem schwingenden Mantel. Im Gegensatz zu Moskau, wo keine Lenin-Denkmäler beseitigt wurden, ist die Anzahl derselben gerade in der »Stadt des Roten Oktober« streng limitiert.

Eindrucksvolles Mahnmal gegen den Krieg am Platz des Sieges

Platz des Sieges und Blockade-Denkmal 19

Am Platz des Sieges befinden sich nicht nur das altgediente Intourist-Hotel Pulkowskaja und etwas seitlich versetzt die Kirche des Heiligen Georg des Drachentöters (Pobedonosca), sondern auch ein bemerkenswertes **Blockade-Denkmal:** Ein 48 m hoher Obelisk und ein aufgebrochener Ring wurden am 9. Mai 1975 an der Stelle errichtet, wo in Sichtweite der Pulkowoer Höhen die deutschen Belagerer ihre Kanonen aufgestellt hatten (eine davon steht noch als Denkmal hinter dem Abzweig nach Zarskoje Selo). Eine bedrückende **Ausstellung** erinnert hier, eine weitere in der Innenstadt (Solyanoj per. 9, Nähe Sommergarten) an diese furchtbare Zeit.

SEITENBLICK

Nichts und niemand ist vergessen

Wer diese Eindrücke ergänzen und noch mehr in die Geschichte der Stadt eintauchen möchte, kann mit der Metro von der Station Ⓜ Moskowskaja bis Ⓜ Muzhestva pl. auf der Wyborger Seite fahren und von dort weiter mit den Buslinien 123 oder 178 bis zum **Piskarowskoje-Friedhof** (Piskarowskoje memorialnoje kladbischtsche). Am Eingang sind die 900 Blockadetage in einer Foto- und Dokumentenausstellung dargestellt. Bei der dahinter brennenden Ewigen Flamme ist die 7. (Leningrader) Sinfonie von Dmitrij Schostakowitsch zu hören, die dieser während der Blockade schrieb und am 9. August 1942 erstmals aufführte. Auf einer Granittafel sind Verse der berühmten Schriftstellerin Olga Fjodorowna Bergholz zu lesen. Legendär ist das Leitmotiv des Friedhofs geworden: »Nichts und niemand ist vergessen!«

AUSFLÜGE & EXTRA-TOUREN

Kleine Inspiration

- **Die große Kaskade in Peterhof bewundern** und das Geheimnis der Scherzfontänen ergründen › S. 131
- **In Honigtönen schwelgen** im rekonstruierten Bernsteinzimmer des Katharinenpalasts › S. 136
- **Ilja Repins skurriles Wohnhaus in Repino besuchen** und vom Aussichtsturm im Wäldchen dahinter übers Meer blicken › S. 142
- **Durch Kiefernalleen nach Komarowo spazieren** und auf dem kleinen Friedhof der Dichterin Anna Achmatowa einen Besuch abstatten › S. 143

Ausflüge

Peterhof 1 und Lomonossow 2

St. Petersburg › Peterhof › Oranienbaum

Karte: Seite 139
Dauer: ½ Tag
Praktische Hinweise:

- Anfahrt zum Schloss (29 km) vom Anleger an der Eremitage in ca. 30 Min. per Tragflächenboot »Meteor« (Mai–Okt. alle 30 Min.); alternativ mit Zug R56 vom Baltischen Bahnhof (Ⓜ Baltiskaja) zur Haltestelle »Novy Petrodvorets« (nicht »Stary Petrodvorets«!) und von dort 20 Min. zu Fuß oder mit dem Bus zum Schloss. Nach Lomonossow ist es mit der *elektrischka* nur eine Station weiter.
- Am Wochenende sind Park und Schloss überlaufen.
- Mückenschutz mitnehmen!

Peterhof 11

Die älteste und wohl schönste Sommerresidenz gründete Peter I. gleichzeitig mit St. Petersburg am Südufer des Finnischen Meerbusens. Hört man vom »russischen Versailles«, so ist damit immer Peterhof gemeint. Denn wie in Versailles liegen in den ausgedehnten Parkanlagen von Peterhof mehrere prachtvolle Schlösser verstreut, und zahlreiche Fontänen und Kaskaden zaubern mit ihren glitzernden Bögen Wasserspiele voller Anmut und Eleganz. Und doch ist Peterhof ganz anders als Versailles. Denn Peter der Große verfolgte mit der Errichtung der Sommerresidenz ein klares Ziel: Die Anlage sollte – ebenso wie St. Petersburg – die für Russland so wichtige neu errungene Hoheit über die Meere feiern.

Im Großen Palast von Oranienbaum (Lomonossow) verbrachte Zar Peter III. viel Zeit

Großer Palast

Peter nahm die Konzeption der neuen Anlage selbst in die Hand: Er entschied sich für den damals sehr viel schlichteren Großen Palast am Rande eines fast 20 m hohen Hügelkamms als architektonischen Mittelpunkt. Der kunstvoll angelegte terrassierte Park, der den Palast umgibt, fällt zum Meer hin ab und wird von strahlenförmig angelegten Alleen durchschnitten, die ebenfalls zum Meer hin ausgerichtet sind.

Die Pläne Peters I. erforderten zu ihrer Verwirklichung mehrere Baumeister: Johann Friedrich Braunstein, der den ersten Gesamtentwurf für Peterhof vorlegte, war einer von ihnen; außerdem beteiligten sich Andreas Schlüter, Jean-Baptiste Leblond, der für seine symmetrischen Anlagen berühmt war, Niccolo Michetti sowie Michail Semzow an dem ehrgeizigen Projekt. Der Wasserbauingenieur Wassilij Tuwolkow, der sein Handwerk in Frankreich und Deutschland gelernt hatte, ent-

SPECIAL

Die Kunst des Wassers

Wasser fließt, sprudelt, spritzt und ergießt sich in rauschenden Fontänen in Peterhof, wohin das Auge blickt. In einer einzigartigen und unaufhörlichen Inszenierung wird am Schloss und im umgebenden Park Russland als große Seemacht gefeiert.

Unterhalb des Schlosses stürzt das Wasser der **Großen Kaskade** in ein marmornes Becken, bevor es durch den schnurgeraden Seekanal ins Meer abfließt. Die Idee zu diesem prächtigen Schauspiel mit 37 vergoldeten Statuen, 150 Skulpturen, 29 Basreliefs, zwei Kaskadentreppen und 64 unablässig rauschenden Fontänen sowie einer Grotte stammt noch von Peter dem Großen selbst. In der Mitte sprudelt die **Samson-Fontäne,** eine einzige Verklärung des Sieges vom 27. Juni (8. Juli 1709) über die Schweden: Samson der Starke, der Russlands Macht personifiziert, reißt dem Löwen, den Schweden, das Maul auf, aus dem ein dicker Strahl in die Höhe schießt. Sehenswert ist auch die **Schachberg- oder Drachenbergkaskade** im Ostteil des unteren Parks. Aus den Rachen dreier Drachen schießen Wasserstrahlen, die dann über vier gewaltige schachbrettgemusterte Stufen schnellen.

Für ihre neckischen Spielchen ließen die Zaren einige Scherzfontänen im Park installieren, die sich heute bei Kindern großer Beliebtheit erfreuen. Aber selbst Erwachsene haben ihre liebe Mühe, z. B. hinter das Geheimnis der Scherzfontäne »Bank« am Schloss **Monplaisir** zu kommen.

Die Wasserspiele sind von Mai bis Mitte Sept. tgl. 10–18, am Wochenende bis 19 Uhr in Betrieb.

warf einen ausgeklügelten Plan für das Springbrunnensystem, das über 140 Kaskaden und Fontänen mit Wasser versorgte.

Im August 1723 wurde Peterhof feierlich als Zarenresidenz eingeweiht. Nach dem Tod Peters des Großen 1725 und Katharinas I. 1727 verwilderte die Anlage, da der Hof inzwischen nach Moskau übergesiedelt war. Erst die Tochter Peters des Großen, Elisabeth I., fühlte sich dem Erbe ihres Vaters verpflichtet und beauftragte ihren Hofarchitekten Bartolomeo Rastrelli mit einem Umbau. Sie wünschte einen repräsentativeren Palast. So fügte Rastrelli dem Hauptbau von Leblond die beiden Seitenflügel und die Pavillons an und schuf damit eine Verbindung zwischen Hauptbau und **Schlosskapelle** im Osten sowie eine Anbindung an den **Wappenpavillon** im Westen.

Die **Innenräume** gestaltete er mit der für ihn typischen Pracht; in jedem Winkel erblickt das Auge verschwenderische Schönheit. Aus der Zeit Peters des Großen blieb nur das **Eichenholzkabinett** von der Renovierung verschont, es ist bis heute erhalten. In der zweiten Hälfte des 18. Jhs. ließ Katharina II. die Innenräume des Palasts noch einmal umbauen. So sind im Schloss neben dem Eichenholzkabinett Peters des Großen Prachtsäle aus der Mitte des 18. Jhs., streng klassizistische Prunkräume sowie Gemächer und Salons aus der Periode des Rokoko zu besichtigen (Di–So 10.30–19, letzter Einlass 18 Uhr, letzter Di im Monat geschl., www.peterhofmuseum.ru).

Die letzte große Veränderung in Peterhof geht auf Zar Nikolaus I. zurück, der seiner Frau Alexandra im östlichen Teil des Parks ein weitläufiges Gelände schenkte. Steht man vor dem **Cottage**, wähnt man sich in einer Art Disney World. Das neugotische Landschlösschen, geplant von dem Architekten Adam Menelas, mutet in dieser Umgebung unwirklich und geradezu märchenhaft an (Do, Sa, So 10.30–17 Uhr).

Dunkle Zeiten brachen mit dem Zweiten Weltkrieg herein. Nach dem Überfall der deutschen Wehrmacht auf die Sowjetunion 1941 begann man die Einrichtung der Paläste auszulagern; was zurückblieb, wurde zerstört, geraubt oder ging verloren. Im September 1941 besetzten deutsche Truppen Peterhof und wüteten auf unvorstellbare

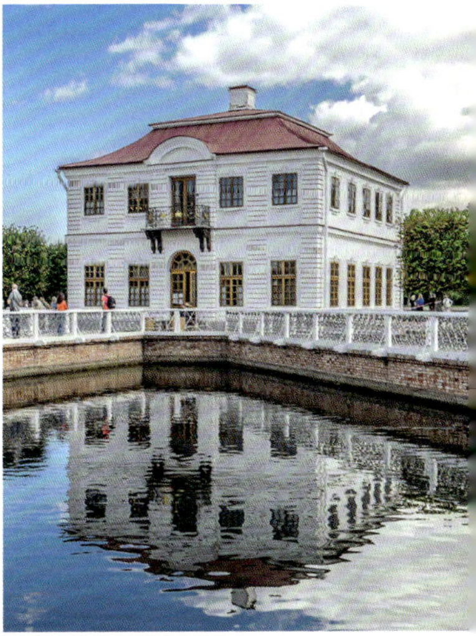

Das Schlösschen Marly diente als Gästehaus von Peterhof

Das Chinesische Schloss in Lomonossow ließ sich Katharina die Große als »Datscha« erbauen

Weise. Fotografien im Großen Palast dokumentieren das ganze Ausmaß der Zerstörung. Nach dem Abzug der deutschen Truppen begann man mit der Renovierung.

Restaurant

Grand Orangerie €€

Lokal in historischem Ambiente mit russischen Klassikern und Kuchen.

- Raswodnaja ul. 2
  198510 St. Petersburg
  Tel. 450 61 06

Lomonossow (Oranienbaum)

40 km westlich der Stadt und nur wenige Kilometer von Peterhof entfernt erreicht man **Lomonossow**, die Stadt, die ihren Namen nach dem russischen Universalgelehrten erhielt, der hier eine Glasmosaik-Manufaktur errichtet hatte.

Ursprünglich hieß der Ort Oranienbaum, doch nach dem Trauma des Zweiten Weltkriegs wollte man möglichst alles, was an Deutschland und die Deutschen erinnerte, verschwinden lassen. Seit 1991 heißt das Palastensemble nun wieder im Untertitel Oranienbaum.

Nachdem Peter der Große begonnen hatte, sich am Ostseeufer eine Residenz zu bauen, befand sein Freund Alexander Menschikow, dass auch ihm eine Sommerresidenz am Finnischen Meerbusen zustand, und gab daher 1710 bei Giovanni Fontana einen Palast in Auftrag. Noch ehe das Anwesen fertiggestellt war, fiel Menschikow den Intrigen seiner politischen Gegner zum Opfer und wurde – enteignet und mittellos – nach Sibirien verbannt. Der Palast samt Park lag verwaist da.

Erst Elisabeth I. zeigte wieder Interesse daran und vermachte ihn ihrem Neffen, dem späteren Peter III., der Oranienbaum sehr schätzte und hier weit häufiger als in Peterhof oder St. Petersburg anzutreffen war. Nach seinem Tod ließ Katharina II. die Sommerresidenz ausbauen. Der 1710–27 auf einer Anhöhe errichtete **Große Palast** wurde in ihrem Auftrag zunächst im klassizistischen Stil umgebaut. Den von anderen Zarenschlössern gewohnten Prunk sucht man hier jedoch vergebens.

Nicht weit vom Großen Palast von Rinaldi ließ die Zarin 1762–68 ein **Chinesisches Schloss** errichten. Während man an der Fassade vergeblich nach chinesischen Zierelementen sucht, öffnet sich beim Betreten des Palasts die Pforte zu einer prunkvollen fernöstlichen Welt: Die Räume sind kunstvoll mit Lackmalereien gestaltet.

Neben dem exotischen Chinesischen Schloss sorgte Katharina noch für ein ganz besonderes Vergnügen in Oranienbaum. Sie ließ im **Oberen Park** einen künstlichen Berg aufschütten, von dem man im Winter mit dem Schlitten und im Sommer mit einem speziell dafür gefertigten Wagen hinabsausen konnte. Zur Erholung von den Abenteuern der Talfahrten lud dann der passenderweise **Rutschberg** genannte Rokoko-Pavillon im Oberen Park ein, den Katharina II. 1762 eigens für diesen Zweck in Auftrag gegeben hatte. Mit seiner anmutig geschwungenen, glockenförmigen Kuppel verbreitet das Lustschlösschen noch heute einen Hauch verspielter Romantik.

Das Schlossensemble von Oranienbaum wurde bis 2014 umfassend renoviert, Paläste und Museen sind nun Di–So 10.30–18 Uhr, die Parkanlagen tgl. 9–20 Uhr geöffnet.

Restaurant

Grillbar Academia €

Solide Kost an der Hauptstraße.

- Dwortsowij pr. 16a
  198516 Lomonossow
  Tel. 422 13 88

Zarskoje Selo 3 und Pawlowsk 4

St. Petersburg › Zarskoje Selo › Pawlowsk

Karte: Seite 139

Dauer: 1 Tag

Praktische Hinweise:

- Die Fahrt mit der *elektritschka* vom Witebsker Bahnhof (Ⓜ Puschkinskaja) in St. Petersburg zur Station »Detskoje Selo« dauert 40 Min. Pawlowsk liegt eine Station weiter.
- Katharinenpalast Juni–Aug. Mi–Mo 12–18.45, Mai und Sept. 12–17.45, Okt.–April 10–16.45 Uhr und letzter Mo im Monat geschl.; Schlosspark Mai/Juni tgl. 7–23, Juli/Aug. 7–22, April–Okt. 7–21 Uhr; an jedem 2. Fr im Monat für Personen unter 18 Jahren freier Eintritt; weitere Infos unter www.tzar.ru
- Pawlowsk tgl. 10–18 Uhr, 1. Mo im Monat geschl., weitere Infos unter www.pavlovskmuseum.ru

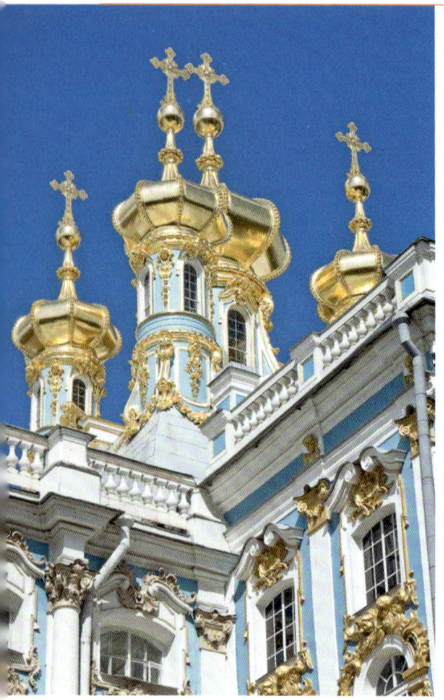

Die goldenen Kuppeln der Schlosskirche krönen den Katharinenpalast

Zarskoje Selo ★

Der 25 km bzw. Dreiviertelstunde Bahnfahrt von St. Petersburg entfernte Ort wurde ab Anfang des 19. Jhs. zum bevorzugten Wohnsitz der Zaren, denn die Schönheit des Katharinenpalasts sucht weltweit ihresgleichen. Der Luxus ist vor allem Elisabeth I. zu verdanken, die Rastrelli mit der Vervollkommnung eines Holzpalasts beauftragte, der bereits zu Zeiten Peters des Großen existierte. Auch heute verschlägt es so manchem Besucher den Atem, wenn er vor diesem blau-weißen Rausch aus Säulen, Kapitellen, Pilastern, Giebeln, Ornamenten und goldenen Kuppeln steht.

Das Areal südlich von St. Petersburg hatte Peter der Große zunächst seinem Freund und Vertrauten Alexander Menschikow geschenkt. Doch dann überlegte er es sich anders und überließ es seiner Frau Katharina I. Sie wollte nicht mehr als einen schlichten Holzpalast. Damals hieß die Siedlung noch Saarskoje Selo, woraus sich später Zarskoje Selo entwickelte, was so viel wie »Zarendorf« bedeutet.

Zum 100. Todestag von Alexander Puschkin 1937 entschied man sich, den Ort »Puschkin« zu nennen. Der Dichter hatte das neben dem Katharinenschloss gelegene Lyzeum besucht und später mit seiner Frau Natalia hier gewohnt. Im Zuge der Umbenennungen nach 1991 bekam die Stadt aber wieder ihren alten Namen zurück.

Katharinenpalast 12

Stattliche 300 m erstreckt sich die rhythmisch gegliederte Palastfassade, und hoch über ihr leuchten die fünf goldenen Kuppeln der **Palastkirche**. Rastrelli verarbeitete bei der Fassadengestaltung sowie im Inneren nicht weniger als 114 kg pures Gold, doch davon ist heute kaum mehr etwas zu sehen.

Der Katharinenpalast wurde im Zweiten Weltkrieg von deutschen Soldaten fast vollständig zerstört. Alles, was wertvoll war, wurde geraubt, darunter das legendäre **Bernsteinzimmer**, das in Kisten verpackt nach Königsberg gekarrt wurde. Andreas Schlüter hatte es 1709 für den Preußenkönig Friedrich I. entworfen, der es seinerseits 1716 Peter dem Großen schenkte. Seit die Deutschen den kostbaren Raumschmuck im Katharinenpalast abmontiert haben, ist er verschwunden – an Spekulationen über seinen Verbleib mangelt es nicht. 1997 tauchten in Deutschland eine Kommode und ein Mosaik auf. Seit 1979 gab es Bemühungen um eine Rekonstruktion des Bernsteinzimmers. Pünktlich zum 300. Stadtgeburtstag St. Petersburgs 2003 wurde das letzte Paneel in die Zimmerwand gefügt – das von den damaligen Zeitgenossen als das achte Weltwunder gerühmte Bernsteinzimmer kann jetzt wieder in seinem honiggelben Glanz bewundert werden.

Sehenswert ist ferner der **Große Saal**, der an das elegante weiße Vestibül anschließt: Mit fast 50 m Länge und etwa 18 m Breite zählt er zu den größten und prunkvollsten Ballsälen Europas.

Wer sich für historische Kostüme und Uniformen interessiert, sollte unbedingt einen Blick in die **Cameron-Galerie** links neben dem Katharinenpalast werfen. Sie präsentiert Kleider und Uniformen aus dem 18. bis 20. Jh. sowie einige Kleidungsstücke aus dem persönlichen Besitz der Zaren.

Shopping

Der **Souvenirshop** im Schloss und der **Andenkenladen** gegenüber dem Lyzeum führen originales, besonders schönes russisches Kunsthandwerk sowie edlen Schmuck.

Katharinenpark

Der große Park lädt zu einem Spaziergang zwischen Marmorjünglingen und anmutigen Nymphen ein.

Das legendäre Bernsteinzimmer wurde mit wenigen Originalen rekonstruiert

Elisabeth I. ließ ihn als französischen Barockgarten anlegen. Katharina II. gab entsprechend dem Geschmack ihrer Zeit im Süden einen romantischen Landschaftsgarten in Auftrag, in dem sich zahlreiche Pavillons und Brücken verstecken.

Zwischen 1789 und 1791 wurde dem Nordostende des Palasts ein Anbau hinzugefügt, der Anfang des 19. Jhs. als **Lyzeum** für Kinder aus höchsten Adelskreisen diente. Alexander Puschkin gehörte zur ersten Schülergeneration, die hier unterrichtet wurde. Heute ist das Lyzeum ein Museum, in dem man die früheren Klassenräume und die Schlafzimmer der hier untergebrachten Jungen besichtigen kann.

Pawlowsk, die Sommerresidenz von Zar Paul I., liegt in einem zauberhaften Landschaftspark

Alexanderpalast und Alexanderpark

Nördlich des Katharinenpalasts liegt der **Alexanderpalast**, den Katharina II. 1792–95 nach Plänen von Giacomo Quarenghi für ihren Lieblingsenkel, den späteren Zaren Alexander I., als Hochzeitsgeschenk errichten ließ. Die schlichte klassizistische Fassade wird von einer Doppelreihe korinthischer Säulen geziert, die den Hauptteil mit den weit vorspringenden Seitenflügeln verbinden. Drei Räume des Palasts sind öffentlich zugänglich (wegen Renovierungsarbeiten auf unbestimmte Zeit geschl.).

Der letzte Zar, der im Alexanderpalast wohnte, war Nikolaus II. Nachdem er von den revolutionären Unruhen in St. Petersburg und Moskau erfahren hatte, flüchtete er nach Zarskoje Selo. Doch die Arbeiterräte entsandten im März 1917 mehr als 300 Soldaten, die den Palast Tag und Nacht bewachten und den Zar keine Minute aus den Augen ließen.

Nachdem alle Bemühungen des Zaren und seiner Familie, ein englisches Visum zu beantragen, fehlgeschlagen waren, veranlasste Kerenskij den Abtransport von Nikolaus II. und seiner Familie ins sibirische Tobolsk. Von dort wurden sie später nach Jekaterinburg gebracht und in der Nacht vom 16. auf den 17. Juni 1918 von den Bolschewiki ermordet.

Rings um das Schloss erstreckt sich im Stil eines englischen Landschaftsgartens der **Alexanderpark**. Er zeugt von der im 18. und 19. Jh. weitverbreitete Vorliebe für alles Chinesische: Neben einem chinesischen Dorf und Theater sind über den Park verteilt auch chinesische Brücken zu finden. Darüber hinaus ließ Nikolaus I. einige Bauten im pseudogotischen Stil errichten.

Restaurant

Metschta €–€€

Liebevoll eingerichtetes Lokal, warme Speisen und Kuchen.

- Konjuschennaja ul. 38/37
  196601 Zarskoje Selo
  Tel. 451 72 80

Pawlowsk ★

Nur 5 km trennen Zarskoje Selo und die Sommerresidenz Pauls I., Pawlowsk. Nachdem 1837 die erste Eisenbahnstrecke zwischen Petersburg und Zarskoje Selo sowie Pawlowsk in Betrieb genommen worden war, entwickelte sich Pawlowsk zu einem beliebten Ausflugsziel der Petersburger Gesellschaft. Große Anziehungskraft hatte nicht nur der romantische Park, sondern auch die Musikhalle am Bahnhof, in der bis ins 20. Jh. hinein mehrmals wöchentlich Konzerte gegeben wurden.

1777 schenkte Katharina II. das weitläufige Gebiet südlich von Zarskoje Selo ihrem Sohn, dem späteren Zaren Paul I., anlässlich der Geburt von dessen Sohn Alexander. Ein 1872 im Ehrenhof aufgestelltes Denkmal erinnert nicht gerade liebenswürdig an den Hausherrn: In preußischer Uniform, mit einem Dreispitz auf dem Kopf stützt Paul sich auf einen Prügelstock. Der Zar hatte von jeher ein Faible für alles Militärische und drillte seine Soldaten mit unglaublicher Strenge. Wen

1 Peterhof
2 Lomonossow
3 Zarskoje Selo
4 Pawlowsk
5 Gatschina
6 Repino
7 Komarowo

wundert es da, dass ihm nur wenig Sympathien gehörten.

Den Reiz Pawlowsks macht vor allem der herrliche **Landschaftspark** aus, am besten besucht man die ehemalige Sommerresidenz daher an einem sonnigen Tag.

Großer Palast

1782 ließ Paul sich von dem Architekten Charles Cameron auf einer Anhöhe nahe dem Slawianka-Ufer den im Stil eines römischen Landhauses gehaltenen Großen Palast errichten. Sein Interesse an der nach ihm benannten Sommerresidenz erlosch jedoch rasch wieder, als Katharina ihm auch den Palast in Gatschina › **S. 141** schenkte. Nach seiner Thronbesteigung überließ Paul den Palast seiner Frau Maria Fjodorowna, Prinzessin Sophie von Württemberg. Sie gestaltete Palast und Park ganz nach ihrem Geschmack. Mit der streng klassizistisch gehaltenen Innenausstattung beauftragte sie die führenden Architekten der damaligen Zeit.

Besichtigen kann man die Paradesäle im Obergeschoss und die Privatgemächer von Paul I. und Maria Fjodorowna im Erdgeschoss. Eine **Ausstellung** im zweiten Obergeschoss zeigt die russische Wohnkultur des 19. Jhs. (tgl. 10–18 Uhr, 1. Mo im Monat geschl.).

SEITENBLICK

Walzer in Pawlowsk

Wie auch in der Manege am Senatsplatz in St. Petersburg hat **Johann Strauss** in der Musikhalle von Pawlowsk Konzerte gegeben, weil es die größte Halle mit einer respektablen Akustik gewesen sein soll. Sein Denkmal steht daher nicht von ungefähr unweit des Eingangs zum Schlossgelände und wird nicht nur von österreichischen Reisenden mit Rührung bewundert. »Musikhalle«, englisch »vauxhall«, ist – wie übrigens auch der Trolleybus – ein englisches Lehnwort und wird im Russischen als *woksal* bezeichnet, eben als Tonhalle, die an den Bahnhof in Pawlowsk angrenzte.

Restaurant

Podvorie €€

Das auf altrussisch getrimmte Restaurant mit viel Holz nahe dem Bahnhof Pawlowsk im Grünen serviert die beste russische Küche der Stadt. Selbst Wladimir Putin wird hier zuweilen gesichtet.

- Filtrowskoje schosse 16
  196625 Pawlowsk | Tel. 454 54 64
  www.podvorye.ru

Schlosspark

Seit einigen Jahren ist der Schlosspark in seiner ursprünglichen Schönheit wiederhergestellt. Von zahlreichen verschnörkelten und verschlungenen Brücken überspannt, schlängelt sich die Slawianka durch die grünen Wiesen, und man merkt noch heute, wie sehr Maria Fjodorowna die Gestaltung des Parks am Herzen lag: Mit Bäumen und Blumen aus ganz Europa hatte sie das 600 ha große Gebiet in einen Garten Eden verwandelt. Auch gab sie über 60 kleine Bauwerke in Auftrag, darunter kleine Tempel, Volieren, Tore und Pavillons, die die

Das Zarenschloss in Gatschina war früher militärischer Sperrbereich

romantische Stimmung der leicht hügeligen Landschaft noch unterstreichen.

Gatschina 5

St. Petersburg › Gatschina

Karte: Seite 139
Dauer: 1 Tag
Praktische Hinweise:

- Vom Baltischen Bahnhof (Ⓜ Baltiskaja) in St. Petersburg mit der *elektritschka* bis zur Station »Gatschina«; von dort kurzer Fußweg.
- Großer Palast Di–So 10–18, Einlass bis 17 Uhr, 1. Di im Monat geschl., www.gatchinapalace.ru

Die 45 km südlich von St. Petersburg gelegene Zarenresidenz war zu sowjetischen Zeiten eine verbotene Stadt, da sich hier militärische Einrichtungen befanden. Wie alle anderen Zarenschlösser um St. Petersburg wurde auch Gatschina im Zweiten Weltkrieg durch deutsche Truppen vollständig zerstört und war nur noch eine Ruine. Doch anders als in Peterhof oder Zarskoje Selo begannen die Restaurierungsarbeiten für den von Antonio Rinaldi im 18. Jh. errichteten klassizistischen Palast nur sehr schleppend und sind bis heute nicht vollständig abgeschlossen. Dennoch sind viele Räume zu besichtigen.

Großer Palast

Katharina II. hatte das Gelände südöstlich von St. Petersburg ihrem Geliebten Grigorij Orlow geschenkt, der sich 1766–81 von dem klassizistischen Architekten Rinaldi einen schlichten Palast bauen ließ. Doch die äußere Bescheidenheit stand in krassem Gegensatz zu dem prunkvollen Interieur: Orlow ließ Wände und Möbel mit erotischen Motiven bemalen, um so die richtige Atmosphäre für seine intimen Treffen mit der Zarin zu schaffen. Leider ist von dem kostbaren Innendekor nichts mehr erhalten.

Nach dem Tod Orlows schenkte Katharina das Anwesen ihrem Sohn Paul, der 1795 den eleganten Palast in eine Festung umbauen ließ. Nach seiner Ermordung verwaisten Schloss und Park zunächst, bis Alexander III. Gatschina 1881 zu seiner ständigen Residenz machte. In der politisch unruhigen Zeit wähnte er sich hier, in der Abgeschiedenheit der Wälder, in größerer Sicherheit vor Attentaten als in der Hauptstadt.

Sehenswert ist die kostbare **Porzellansammlung** mit einem aus über 2000 Einzelteilen bestehenden Jagdservice; außerdem bezaubern wertvolle Porzellanschätze aus China und Japan sowie den Manufakturen von Meißen und Sèvres.

Schlosspark und Prioratsschloss

Unbedingt empfiehlt sich ein Spaziergang in dem schönen **Park**, der mit seinen vielen Seen, zahlreichen Inseln, bezaubernden Pavillons und verschlungenen Brücken fast wie ein Märchenland anmutet.

Sehenswert sind auf dem Gelände vor allem das mit schweren ionischen Säulen geschmückte Maskenportal und das 1794–1796 von Vincenzo Brenna errichtete **Birkenhäuschen**. Es erweckt den Eindruck einer primitiven sibirischen Holzhütte, in seinem Inneren ist es aber äußerst prächtig eingerichtet und von großer Eleganz.

Mittelalterliche Romantik verbreitet hingegen das **Prioratsschloss** im Park von Gatschina, das Paul I. nach seiner Wahl zum Großmeister des Malteserordens 1789/90 erbauen ließ. Ein Prior des Ordens residierte hier jedoch nie.

Repino 6 und Komarowo 7

St. Petersburg › Repino › Komarowo

Karte: Seite 139
Dauer: 1 Tag
Praktische Hinweise:

- Repino liegt 44 km nordwestlich von St. Petersburg, am einfachsten zu erreichen mit der *elektritschka* vom Finnländischen Bahnhof (Ⓜ Lenina pl.). Komarowo liegt eine Station weiter.

Repino ★

Wer außer den Zarenschlössern und den angelegten Gärten eine schöne Naturlandschaft in der Umgebung St. Petersburgs erleben möchte, sollte auf keinen Fall Repino versäumen. Die Reise führt durch eine raue nordische Landschaft, vorbei an windschiefen, bunt gestrichenen Holzhäusern und verwilderten Gärten zum Ufer des Finnischen Meerbusens. Der kleine Ort, der früher zu Finnland gehörte und bis 1948 Kuokkala hieß, ist nach dem großen realistischen Maler Ilja Repin benannt, der hier 30 Jahre lang lebte, arbeitete und 1930 starb.

Beim Bau seines Hauses ließ der Maler Ilja Repin seiner Fantasie freien Lauf

Penaten

Die römischen Schutzgötter standen Pate für Ilja Repins eigenwilliges Haus »Penaten« – heute ein kurioses Museum –, das der Maler in einem verwunschenen, idyllischen Park nach eigenen Entwürfen selbst errichtete.

Ilja Jefimowitsch Repin war einer der bedeutendsten Künstler seiner Zeit und gilt als der wichtigste Vertreter des russischen Realismus. Jeden Mittwoch trafen sich Maler, Intellektuelle, Dichter und Komponisten aus St. Petersburg in seinem Haus. Oft kamen mehr als 30 Gäste: Sergej Jessenin und Wladimir Majakowski rezitierten ihre revolutionären Gedichte, Iwan Pawlow und Wladimir Bechterew stellten ihre neuesten naturwissenschaftlichen Erkenntnisse vor, Gorki las aus seinen Erzählungen, und Alexander Glasunow spielte auf dem Flügel im Gästezimmer eigene Kompositionen. Die Runde war heiter und man war jederzeit für einen Spaß zu haben. So musste derjenige, der bei Tisch die Hilfe anderer in Anspruch nahm und sich etwas reichen ließ, »zur Strafe« vom Treppenabsatz herab eine Rede halten.

Ein Film, den das Museum im Obergeschoss zeigt, spiegelt die Atmosphäre der fantasievollen, geselligen Nachmittage im Hause des Malers wider (im Sommer Mi–So 10.30–17, sonst bis 16 Uhr).

Komarowo

Wer sich für russische Dichtung interessiert, fährt eine Station weiter bis Komarowo, einer reizenden Datschensiedlung, in der Schauspieler, Regisseure, Schriftsteller und Maler wohnten. Wenn man durch die rauschenden Kiefernalleen spaziert, versteht man, was all die Kunstschaffenden hierher gezogen hat.

Auf dem kleinen **Friedhof** von Komarowo fand neben vielen anderen russischen Künstlern die Dichterin Anna Achmatowa › **S. 92** ihre letzte Ruhestätte.

Extra-Touren

Tour 10 St. Petersburg per Boot

Verlauf: **Newskij prospekt › Moika › Newa › Fontanka › Krjukow-Kanal › Gribojedow-Kanal › Newskij prospekt**

Karte: Faltkarte
Dauer: Auf dem Boot 1–1½ Std.
Verkehrsmittel: Anfangs- und Endpunkt Ⓜ Newskij prospekt, von dort zu Fuß zum Bootsanleger. Alternativer Endpunkt Anitschkow-Brücke, Ⓜ Majakowskaja

Die Wasserwege der Stadt haben St. Petersburg geprägt. Ohne eine Schifffahrt auf der Newa oder durch die Kanäle ist der Besuch von St. Petersburg deshalb auch nur ein unvollständiges Erlebnis. Vom Wasser aus entdeckt man die romantischsten Seiten der Stadt. Man kann auf großen Rundfahrtdampfern über die Newa schippern oder mit kleinen Booten eine Tour durch die Kanäle unternehmen.

Tourstart ist am **Newskij prospekt** › **S. 100.** Der bekannteste Abfahrtplatz an der Brücke über den Gribojedow-Kanal, gegenüber dem Singer-Haus mit der schlanken Glaskuppel, ist leicht zu erreichen. Es gibt auch andere Haltepunkte, u. a. an der **Anitschkow-Brücke** › **S. 109,** wo man die Fahrt unterbrechen bzw. aufnehmen kann. Gewöhnlich fährt man Richtung **Moika** › **S. 84**

Engstelle: auf dem Winterkanal zwischen Moika und Newa

und unter einer lauschigen Brücke hindurch zur **Fontanka**. Dann lässt man den malerischen **Sommergarten › S. 95** rechts liegen und erreicht die wellenreiche **Newa,** wo das Boot meist vor der Spitze der Wassiljewski-Insel eine Runde gegen den Uhrzeigersinn dreht. Trotz gelegentlichen Schaukelns bietet sich hier der Moment für zahlreiche traumhafte Fotomotive.

Dann gibt es zwei Möglichkeiten für die Weiterfahrt: Die eine führt auf der viel befahrene Fontanka zurück in Richtung der Anitschkow-Brücke, wo man vom **Krjukow-Kanal** bald die **Nikolaus-Marine-Kathedrale › S. 86** von einer eigenwilligen, weil tieferen Perspektive sehen kann, und weiter durch den **Gribojedow-Kanal › S. 104** in Richtung der Abfahrtsstelle, vorbei an der Bankbrücke mit goldenen Jugendstilgreifen und der wie mit zwei Armen weit ausgreifenden **Kasaner Kathedrale › S. 102,** die vom Wasser aus noch gewaltiger wirkt.

Von der Newa aus kann man aber auch eine kürzere Variante fahren: Diese verläuft vom hohen Eremitage-Bogen durch das **Wintergräbchen › S. 98,** wo Puschkins »Pique Dame« zu einem schauervollen Ende kommt, unter der breitesten Brücke der Stadt, der Blauen Brücke, hindurch zum **Isaaksplatz › S. 83,** vorbei an **Neu-Holland › S. 73,** das vom Wasser aus noch verwunschener wirkt, bis auf der Höhe der Nikolaus-Marine-Kathedrale wiederum die Einfahrt in den Gribojedow-Kanal erreicht ist, den man dann bis zur Abfahrtsstelle am **Newskij prospekt** befährt.

Tour 11 Jugendstil in St. Petersburg

Verlauf: **Newskij prospekt › Feinkostgeschäft Jelissejew › Grand Hotel Europe › Michaelsgarten › Singer-Haus › Asowo-Donskij-Bank › Fabergé-Haus › Hotel Astoria**

Karte: Faltkarte
Dauer: 4 Std., mit Abstechern länger
Verkehrsmittel: Ⓜ Majakowskaja, dann den Newskij prospekt stadteinwärts mit Abstecher zum Michaelsgarten, weiter Richtung Isaakskathedrale und zurück entlang dem nab. reki Moiki bis Ⓜ Newskij prospekt. Weitere Abstecher mit der Metro möglich.

In St. Petersburg, der Stadt aus einem architektonischen Guss, glaubt man zu Unrecht, weitgehend auf prunkvollen Barock und glänzenden Klassizismus beschränkt zu sein, denn mehr als 1000 Gebäude im Jugendstil – hier *Stil modern* genannt, zeugen mit wahrlich prachtvollen Beispielen im Zentrum und an der unmittelbaren Peripherie vom aufstrebenden, zunehmend wohlhabenden Bürgertum der Stadt zu Beginn des 20 Jhs. Als die beiden

Kaffee mit Harfenbegleitung im noblen Grand Hotel Europe

bedeutendsten Petersburger Jugendstilarchitekten gelten Alexander von Gogen (1856–1914) und Fjodor Lidval (1870–1945).

Tourstart ist an der Metrostation **Majakowskaja.** Von dort sind es nur wenige Schritte bis zu einem von Wassiljew und Bubyr 1906/1907 erbauten Wohnhaus in der Stremjanaja uliza 11. Auf dem **Newskij prospekt › S. 100** stadteinwärts gehend gelangt man zum **Feinkostgeschäft Jelissejew › S. 108,** wo nicht nur das Auge, sondern auch der Gaumen verwöhnt wird. Noch etwas weiter stadteinwärts prunkt das **Grand Hotel Europe › S. 28, 105** und bietet neben verschwenderischem Interieur guten Kaffee nebst einem kleinen Imbiss. Nach dieser Pause bietet sich ein Abstecher zum **Michaelsgarten › S. 94** an, um das meisterhafte, 1903 von A. Parland entworfene und durch die Kunstschmiedefirma Karl Winkler geschaffene Gitter bewundern zu können. Zurück den **Gribojedow-Kanal** entlang geht es, vorbei am **Singer-Haus › S. 103** mit seiner markanten Glasglocke, bis zur Einmündung in die Bolschaja Morskaja uliza. Richtung Isaakskathedrale stehen einige Jugendstilgebäude nebeneinander: die **Asowsko-Donskij-Bank** (Nr. 3/5), das 1899/1900 durch K. Schmidt mit Buntglasfenstern versehene **Fabergé-Haus** (Nr. 24) und das **Hotel Astoria › S. 83,** das ebenfalls zum stilvollen Verweilen an historischem Ort einlädt.

Abseits des Zentrums, aber problemlos mit der Metro zu erreichen, gibt es weitere schöne Jugendstilbauten zu entdecken: Der im Süden in der Moskauer Vorstadt gelegene, prachtvoll restaurierte **Witebsker Bahnhof › S. 126** aus den Jahren 1902–04 ist selbst Metrostation, im Norden liegt die **Villa Kschessinskaja › S. 62** aus den Jahren 1904–06 in der Nähe der Metrostation Gorkowskaja.

Wer auf der **Stein-Insel › S. 123** unterwegs ist, kann nicht weit von der Metrostation Tschornaja retschka die **Villa Follenweider** (1914) in der Bolschaja alleja 13 bewundern, einen Bau des deutsch-russischen Architekten Roman Melzer (1860–1943), der nach der Revolution in die USA auswanderte. Für sich selbst errichtete Melzer 1906 ein Wohnaus in der Polewaja alleja 8 nahe dem **Kamenoostrowskij-Theater › S. 124.**

Tour 12 St. Petersburg und Umgebung in fünf Tagen

Verlauf: Altstadt St. Petersburg › Bootsfahrt › Zentraler Rayon › Eremitage › Peterhof › Zarskoje Selo › Pawlowsk

Karte: Faltkarte
Dauer: Auf 5 Tage verteilte Rundgänge und Bootsfahrten
Verkehrsmittel: In der Stadt zu Fuß oder bei Bedarf mit der Metro zu den Stationen Ⓜ Newskij prospekt bzw. Ⓜ Majakowskaja, Boot für die Kanaltour, nach Peterhof mit dem Tragflächenboot Raketa, nach und von Zarskoje Selo und Pawlowsk mit der *elektritschka.*

Sinnvoll genutzt, kann man in fünf Tagen die wichtigsten Sehenswürdigkeiten der Stadt und ihrer Umgebung entdecken und sogar noch ein bisschen entspannen.

Der 1. Tag gehört der Newa und dem **Newskij prospekt** › **S. 100**. Von der **Peter-Paul-Festung** › **S. 62** an der Newa gelangt man auf die Spitze der Wassiljewski-Insel (Strelka). Jenseits der Schlossbrücke, von deren linker Seite man mit etwas Glück nachmittags ein herrlich beleuchtetes Uferpanorama fotografieren kann, liegt der **Schlossplatz** › **S. 75**. Dort markiert die Alexan-

Das Tragwerk der Bankbrücke am Gribojedow-Kanal ist an Greifen aufgehängt

Blick von der Isaakskathedrale auf die Admiralität

dersäule das Zentrum der Stadt, und in allen Himmelsrichtungen erheben sich prachtvolle Paläste und weltbekannte Museen wie der **Winterpalast** mit dem **Eremitage-Gebäude** › S. 76. Auf dem **Senatsplatz** › S. 80 besucht man natürlich das **Denkmal Peters des Großen** › S. 81, an dem auch zahlreiche Brautpaare die Aufmerksamkeit auf sich lenken. In unmittelbarer Nähe befindet sich schon die überwältigende **Isaakskathedrale** › S. 82, von deren Kuppel man einen vorzüglichen Ausblick auf die Stadt genießen kann. Über die breiteste Brücke der Stadt, die **Blaue Brücke** › S. 84, gelangt man zur verdienten Rast im **Literaturcafé** › S. 34, 101 am Newskij prospekt (Nr. 18). Diesen säumen in kurzer Folge zahlreiche Sehenswürdigkeiten, aus denen besonders die **Kasaner Kathedrale** › S. 102 und das **Gostinnyj dwor** › S. 107 herausragen, für dessen 2,5 km lange Warenhauspassage man sich etwas mehr Zeit lassen sollte.

Am 2. Tag erkundet man, ausgehend von der **Anitschkow-Brücke** › S. 109, die Altstadt beiderseits des Newskij und der Fontanka. Entlang dem Fontanka-Ufer geht es zunächst zum **Lomonossow-Platz** › S. 87, der einen wunderbaren Einstieg in eines der schönsten und berühmtesten Architekturensembles der Stadt bietet: in die nach dem Architekten benannte **Rossi-Straße** › S. 87. Über den Newskij prospekt und durch die Michailowskaja uliza erreicht man dann den **Platz der Künste** › S. 106, wo man am Puschkin-Denkmal nicht nur der Worte des großen Dichters gedenken sollte, sondern auch im **Mezzanine Café** › S. 35 des Grand Hotel Europe sehr stilvoll eine kulinarische Pause einlegen kann.

Von der markanten **Auferstehungskirche** › **S. 104** mit ihren bunten Zwiebelkuppeln aus kann man zur Bootanlegestelle am **Gribojedow-Kanal** zurücklaufen und sich bei einer **Bootsfahrt** auf den Kanälen der Stadt erholen.

Der 3. Tag steht ganz im Zeichen von dem in der Orthodoxie heiligsten Lawra-Kloster. Vom **Platz des Aufstands** › **S. 111** führt der Weg auf dem **Alten Newskij** › **S. 112** zum **Alexander-Newskij-Kloster** › **S. 113**. Von dort sind es rund 2,5 km den Sinope-Uferweg entlang zur **Smolnyj-Auferstehungskathedrale** › **S. 116** im gleichnamigen Kloster, einem barocken Meisterwerk von Rastrelli, das allen seinen Nachfolgern Respekt abverlangte. Nicht weit davon lädt am **Taurischen Palais** › **S. 119** ein weitläufiger Park zum Ausruhen ein. Von hier aus kann man über den Litejnyj prospekt wieder zum **Newskij prospekt** zurücklaufen.

Der 4. Tag wartet mit weiteren bedeutenden Glanzstücken auf. Vormittags sollte die **Eremitage** › **S. 76** besichtigt werden, wozu etwa 2½ bis 3 Stunden erforderlich sind, die man mit einem Imbiss im Museumscafé abrunden kann. Am frühen Nachmittag fährt man mit dem Tragflächenboot »Meteor« nach **Peterhof** › **S. 131**, der herrlichen Sommerresidenz Peters I. mit Schloss Marly, dem Unteren Garten sowie dem **Großen Palast** › **S. 131**. Wenn man schon museumsmüde ist, kann man diesen auch gegen den Besuch des Landschaftsparks **Oranienbaum** › **S. 134** eintauschen.

Auch am 5. Tag geht es aus der Stadt hinaus, und zwar mit der *elektritschka* nach **Zarskoje Selo** › **S. 135** und zum Besuch des unübertroffenen **Katharinenpalasts** › **S. 136**, dessen Fassade in der Sonne zu tanzen scheint. Dann bleibt noch Zeit für einen kleinen stärkenden Imbiss im Museumsrestaurant vor dem Ausgang aus dem Schloss, an den sich der **Katharinenpark** › **S. 137** anschließt, für den man eine gute halbe Stunde einplanen sollte.

Mit der elektrischen Vorortbahn geht es anschließend weiter nach **Pawlowsk** › **S. 139**, wo die Führung durch den **Großen Palast** › **S. 140** etwa 1 Std. dauert, sodass noch genug Zeit (ca. 1 Std.) zum Besichtigen des **Schlossparks** › **S. 140** bleibt.

Zurück geht es auf der ältesten russischen Eisenbahnstrecke (1837) nach St. Petersburg.

Das prächtige Treppenhaus der Eremitage

Infos von A–Z

Ärztliche Versorgung

Ambulante ärztliche Hilfe ist in Russland kostenlos, eine stationäre Behandlung muss bar bezahlt werden. Der Abschluss einer Auslandskrankenversicherung ist Voraussetzung für die Visumserteilung. Zwischen Deutschland und Russland gibt es kein Krankenversicherungsabkommen.

- **AMC (American Medical Clinic)**
  24-Std.-Dienst und medizinische Versorgung auf westlichem Niveau, allerdings ist der Service sehr teuer.
  nab. reki Moiki 78, Ⓜ Sadowaja, Tel. 740 20 90, www.amclinic.ru

Barrierefreies Reisen

Das Unternehmen Liberty (www.accesiblerussia.com) organisiert Stadttouren für Gäste mit Handicap und engagiert sich für eine Verbesserung der bislang mangelhaften Infrastruktur.

Diplomatische Vertretungen

- **Russische Botschaften:**
  Deutschland: Unter den Linden 63–65, 10177 Berlin, Tel. (030) 229 11 10, https://russische-botschaft.ru; **Schweiz:** Brunnadernrain 37, 3006 Bern, Tel. (031) 352 05 66, https://switzerland.mid.ru; **Österreich:** Reisnerstr. 45–47, 1030 Wien, Tel. (01) 712 12 29, https://austria.mid.ru
- **Konsulate in St. Petersburg:**
  Deutsches Generalkonsulat, Furschtatskaja ul. 39, Tel. 320 24 00, www.germania.diplo.de; **Schweizer Generalkonsulat,** Tschernyschewskogo prospekt 17, Tel. 327 08 17; **Österreichisches Honorarkonsulat,** Kempinski Hotel Moika 22, nab. reiki Moiki 22, 191186 St. Petersburg, Tel. 300 88 72

Einreise

Reisende aus Deutschland, der Schweiz und Österreich brauchen einen noch sechs Monate gültigen Pass und ein Visum. Bei Gruppenreisen wird das Visum i. d. R. vom Reisebüro besorgt. Einzelreisende müssen ihren Pass, den ausgefüllten Visumantrag, die Buchungsbestätigung des Hotels sowie ein Passfoto mindestens zwei Wochen vor Reisebeginn bei einem russischen Konsulat einreichen. Zusätzlich ist eine Auslandskrankenversicherung erforderlich; eine Liste der akzeptierten Versicherungen ist bei den russischen Auslandsvertretungen erhältlich. Bei einem Aufenthalt ab vier Tagen müssen sich Reisende binnen drei Tagen registrieren lassen; Hotels übernehmen diesen Dienst.

Elektrizität

Üblich sind 220 Volt. In den Hotels passen die Eurostecker; für Schukostecker einen Adapter mitbringen.

Fotografieren

In Museen und Ausstellungen ist das Fotografieren meist nur mit kostenpflichtiger Sondergenehmigung erlaubt. Bahnhöfe, Metrostationen, Häfen, Flughäfen und Brücken dürfen nicht fotografiert werden, Fabriken und Kolchosen nur mit örtlicher Genehmigung.

Geld und Währung

Die Landeswährung in Russland ist der Rubel (1 Rubel = 100 Kopeken). Im Umlauf sind Banknoten im Wert von 10, 50, 100, 500, 1000 und 5000 Rubel, Münzen in Wert von 10, 5, 2 und 1 Rubel sowie von 50 und 10 Kopeken. Wechselkurs (Stand Oktober 2017): 1 € = ca. 68 Rubel, 1 CHF = ca. 59 Rubel, 100 Rubel = 1,48 € bzw. 1,69 CHF.

Rubel dürfen (mit Deklarierung) bis zu einem Gegenwert von US$ 2500 ein- und ausgeführt werden. Tauschen kann man in Wechselstuben und Banken. Beim Geldumtausch ist der Pass oder Personalausweis vorzulegen. Gängige Kreditkarten sind American Express, Diners Club, Eurocard und Visa.

Gesetzliche Feiertage

- 1. Januar: Neujahr
- 7. Januar: Weihnachten
- 8. März: Frauentag
- 1. Mai: Tag des Frühlings und der Arbeit
- 9. Mai: Tag des Sieges
- 12. Juni: Tag Russlands
- 4. November: Tag der Einheit des Volkes

Gottesdienste

Der Charakter eines russisch-orthodoxen Gottesdienstes hängt von der Bedeutung des Tages im Kirchenjahr ab. An großen Kirchenfesten werden lange Zeremonien abgehalten.

- **Dreifaltigkeitskathedrale** › S. 115: Gottesdienste werktags 9 und 18, So 9 und 11 Uhr.
- **Nikolaus-Marine-Kathedrale** › S. 86: meist 7, 10 und 18 Uhr.
- Römisch-katholische Gottesdienste in der **Polnischen Kirche**, Konwenskij per. 7, Ⓜ Pl. Wosstanija/Majakowskaja werktags 8.30 Uhr, So 9, 11.30 und 19 Uhr.

Informationen

In größeren Hotels gibt es sog. Servicebüros; das Städtische Fremdenverkehrsamt hat mehrere Filialen, z. B.:

- **City Tourist Information Center**, Sadovaja ul. 14/52, Ⓜ Newskij prospekt, Tel. 242 39 06 (Zentrale), Sennaya pl. 37, Millionnaya ul. 25, Infopavillon Flughafen Pulkowo II, www.visit-petersburg.ru
- **Deutschsprachige Internetseiten**: www.petersburg-aktuell.ru www.spzeitung.ru

Internet/E-Mail

Moderne Hotels haben Internetzugang, daneben gibt es in der Innenstadt Internetcafés wie Cafemax (Newskij pr. 90/92) oder 5.3 Ghz (Newskij pr. 11/Malaja Morskaja ul. 2). Beide sind rund um die Uhr geöffnet. Einige PCs haben auch eine englische Tastatur.

Märkte

In fast allen Stadtteilen gibt es Märkte mit Frischwaren, Milchprodukten und Delikatessen. Empfehlenswert sind:

- **Kusnetschnyij-Markt**, Kusnetschnyj per. 3, Ⓜ Wladimirskaja
- **Sitnyj Rynok**, Sitninskaja pl. 3/5, Ⓜ Gorkowskaja
- **Wassileostrowskij Rynok**, Bolschoj pr. 18, Ⓜ Wassileostrowskaja

Mietwagen

Man kann an den Hotelrezeptionen und am Flughafen Pulkowo II Autos mieten.

- **Avis**, Tel. 600 12 13 (Hotel Moscow), www.avis.de
- **Europcar**, Tel. 259 31 44, www.europcar.com
- **Hertz**, Tel. 454 70 99, www.hertz.com
- **Sixt**, Tel. 309 03 55, www.sixt.com

Urlaubskasse	
Tasse Kaffee	2,50 €
Softdrink	2 €
Glas Bier	2,50 €
Blinis	2,50 €
Kugel Eis	0,50 €
Taxifahrt (Kurzstrecke 8–10 km)	12 €
Mietwagen/Tag	ab 45 €

Notruf

- **Feuerwehr:** Tel. 01
- **Miliz:** Tel. 02
- **Notarzt:** Tel. 03

Öffnungszeiten

Meist sind kleinere Läden von 10/11 bis 19 Uhr geöffnet, die Mittagspause dauert von 14–15 Uhr. Kaufhäuser öffnen ebenfalls gegen 10 oder 11 Uhr, schließen aber erst um 21 Uhr und sind über Mittag geöffnet. Lebensmittelläden sind oft bis 22 oder 23 Uhr geöffnet, auch 24-Stunden-Supermärkte gibt es mehrere im Stadtgebiet.

Post

Die Postlaufzeiten sind unterschiedlich; Karten und Briefe sollte man auf jeden Fall per Luftpost versenden, doch selbst dann benötigt die Post meist zwei Wochen, egal ob Inland oder Ausland.

- **Hauptpostamt:** Konnogwardejskij bulwar 4, Tel. 312 83 02, Ⓜ Newskij prospekt, Mo–Sa 9–19.45, So 10 bis 17.45 Uhr.
- Die Agentur **Westpost** am Newskij pr. 86 (Ⓜ Majakowskaja) leitet den Briefverkehr über Helsinki in Finnland – die Zustellungsdauer verkürzt sich damit um bis zu 12 Tage. Einen ähnlichen Service bieten auch alle großen Hotels.

Sicherheit

Die Kriminalitätsrate ist so hoch wie in allen anderen europäischen Metropolen. Es empfiehlt sich, einige Regeln zur eigenen Sicherheit zu beachten: Auffällige Kleidung und teuren Schmuck sollte man gar nicht erst auf die Reise mitnehmen, Bargeld stets am Körper tragen, nachts nicht durch unbelebte Straßen schlendern. Auch in der Metro muss man vor allem im Gedränge zur Hauptverkehrszeit sehr auf Wertsachen und Taschen achten.

Sport

Die Petersburger sind begeisterte Wintersportler. An Winterwochenenden sind sie mit Langlaufskiern in den karelischen Wäldern oder auf der zugefrorenen Ostsee unterwegs. Ein beliebter Männersport ist das Eisfischen. Die Mitglieder des »Klubs der Walrösser« hacken Löcher in die zugefrorene Newa, um sich anschließend in die eisigen Fluten zu werfen. Zu jeder Jahreszeit sieht man in den Parks Schachspieler, die von Zuschauern heftig angefeuert werden, denn in Russland spielt man Schach auf Zeit! Neben Eishockey und Eislaufen zählen Leichtathletik und Fußball zu den beliebtesten Sportarten. Der Petersburger FC Zenit spielt in der Ersten Liga.

Tankstellen

Bleifreies und 98-Oktan-Benzin bekommt man auf dem Maly pr. 70 und am Moskowskij pr. 100. Daneben gibt es folgende zentrumsnahe Tankstellen: Park imeni Lenina 1 (bei der Peter-Paul-Festung); Pulkowskoje schosse 13; Nachimowa ul. 18.

Telefon

Innerhalb der Stadt ist das Telefonieren gebührenfrei. Telefonbücher sind aber eine Seltenheit, deshalb greift man besser auf die Auskunft, Tel. 09, zurück. Im Stadtgebiet findet man überall öffentliche Fernsprecher (Telefonkarten sind bei der Post oder den Kassen der Metrostationen erhältlich). Von vielen Telefonzellen kann man ins Ausland telefonieren (»International«). Für Gespräche ins Ausland wählt man 08, wartet auf das Freizeichen und wählt dann die gewünschte Vorwahl und Rufnummer.

- **Internationale Vorwahlen:**
  Deutschland 10 49
  Österreich 10 43
  Schweiz 10 41
  St. Petersburg 007-812

Wenn Sie vom Hotel aus telefonieren wollen, erkundigen Sie sich vorher nach den Kosten. Viele Hotels verlangen unverschämt hohe Gebühren.

Mobiltelefone: funktionieren auch in St. Petersburg, über Roaminggebühren sollte man sich aber schon vorab beim eigenen Anbieter erkundigen.

- Weitere Infos unter www.teltarif.de

Trinkgeld

In Restaurants sind ca. 15 % des Rechnungsbetrages üblich, Anerkennungen in Rubel auch in Hotels (Zimmerservice) und für Dienstleistungen.

Zeitungen

Leider haben sowohl die St. Petersburger Zeitung als auch die St. Petersburger Times ihren Betrieb eingestellt. Statt dessen bieten der **St. Petersburger Herold** (www.spzeitung.ru), die **Moskauer Deutsche Zeitung** (www.mdz-moskau.eu) und die englischsprachige **Moscow Times** (https://themoscowtimes.com) interessante Artikel an.

In vielen größeren Hotels bekommt man auf Anfrage die Broschüre **»St. Petersburg – The Official City Guide«**, in der alle aktuellen Kulturtermine enthalten sind; außerdem listet sie die Adressen von Restaurants und Museen (erscheint vierteljährlich).

Zoll

Einreise: Eine Zollerklärung für die Russische Föderation ist derzeit nur auszufüllen, wenn man mehr als 10 000 US-$ einführt oder andere anzumeldende Wertsachen ins Land mitbringt. Wer nichts deklariert, kann ohne Zollerklärung einreisen.

Ausreise: Bei der Ausreise füllt man eine weitere Deklaration aus, die man zusammen mit der ersten abgeben muss. Beträge bis 3000 US-$ müssen nicht deklariert werden. Die Ausfuhr von Kunst und Antiquitäten ist strikt verboten. Für Bilder zeitgenössischer Maler kann man eine Ausfuhrgenehmigung erhalten. Bei wertvollen Waren wie Porzellan sollte man in jedem Fall den Kassenbon aufbewahren. An Kaviar dürfen 280 g ausgeführt werden (der deutsche Zoll erlaubt aber nur noch eine Einfuhr von max. 125 g in Dosen mit Cites-Artenschutzetiketten). Zollfrei sind 200 Zigaretten oder 50 Zigarren oder 50 g Tabak, 1 l Spirituosen über 22%-Vol. oder 2 l Schaumwein unter 22%-Vol., Tee, Kaffee und andere Waren bis zu einem Gesamtwert von 50 €.

GUT ZU WISSEN

- **Begrüßung:** Die früher übliche Begrüßungsformel *towarischtsch* (Genosse) ist längst durch *gospodin/gospodina* bzw. Plural *damyj i gospodan* (Damen und Herren) ersetzt worden. Erstere Anrede ist für manche Menschen mit unangenehmen Erinnerungen verbunden, daher sollte man damit sehr vorsichtig sein. Bei der Verabschiedung von Damen ist der Handkuss nach wie vor beliebt, Händeschütteln ist aber reine Männersache.
- **Stockwerke:** In Russland zählt man wie in ganz Osteuropa das Erdgeschoss als 1. Etage mit. Der russische 3. Stock entspricht also in Westeuropa der 2. Etage.
- **Zählen:** Wenn man die Zählung mit den Fingern untermalen will, beginnt man mit dem Zeigefinger (Handfläche nach innen!). Dann folgt der Mittelfinger usw., erst bei Nummer Fünf kommt der Daumen dazu. Genauso geht es mit der anderen Hand weiter.

Register

Bildnachweis

Coverfoto Katharinenpalast, Zarskoje Selo, St. Petersburg © Lookphotos/robertharding
Fotos Umschlagrückseite © fotolia/Yvann K (links); Shutterstock/FormaA (Mitte); iStockphoto/Stanislav Bokach (rechts)

Alamy/Travel Pictures: 101; AWL Images/Kymri Wilt/Danita Delimont: 50; Fotolia/ID1974: 116; Fotolia/irinabal18: 9-2; Fotolia/Ironical Photos: 132; Fotolia/Viacheslav Lopatin: 17; Fotolia/markd800: 93; Fotolia/Dmitry Nikolaev: 42; Fotolia/victoria p.: u2-4; Fotolia/Valerie Potapova: 58; Getty Images/Archive Photos: 47; GlowImages/ImageBROKER RF: 107; GlowImages/ImageBROKER RM: 89; Huber Images/Gräfenhain: U2-2, 26, 86, 97, 127; Huber Images/G. Simeone: 147; Jahreszeitenverlag/Klaus Bossemeyer: 38; Jochen Könnecke: 8-1; laif/Le Figaro Magazine: 99; laif/Gaasterland: 125; laif/Galli: 148; laif/SZ Photo/Jose Giribas: 13, 54; laif/Hoa-Qui: 113; laif/Bernd Jonkmanns: 129; laif/Le Figaro Magazine/Martin: 29; laif/Nicholl: 34; laif/Martin Sasse: 27, 85, 90, 104, 120, 137; LOOK-foto/age fotostock: 141; LOOK-foto/Franz Marc Frei: 122; mauritius images/Alamy: 14, 68, 108; mauritius images/Ferdinand Hollweck: U2-3; Schapowalow/SIME/Johanna Huber: 56/57; seasons.agency/Jalag/Klaus Bossemeyer: 51; Shutterstock/Irina Afonskaya: 109; Shutterstock/Delpixel: 80; Shutterstock/dimbar76: 114; Shutterstock/Dreamer Company: 63; Shutterstock/Iakov Filimonov: 43; Shutterstock/g_reg: 110; Shutterstock/Anton_Ivanov: 10, 77; Shutterstock/JetKat: U2-1; Shutterstock/Brian Kinney: 6/7, 130, 134; Shutterstock/konstantinks: 53; Shutterstock/Semen Lixodeev: 118; Shutterstock/Viacheslav Lopatin: U2-0, 25, 74; Shutterstock/Vasily Mulyukin: 138; Shutterstock/nikolpetr: 136; Shutterstock/Olgysha: 8-2, 83; Shutterstock/Pavel L Photo and Video: 149; Shutterstock/PeterSVETphoto: 55; Shutterstock/ Valeriya Popova: 78; Shutterstock/Artem Rakhno: 144; Shutterstock/Marco Rubino: 103; Shutterstock/Shebeko: 31; Shutterstock/Solodov Alexey: 95; Shutterstock/Boris Stroujko: 20/21, 61; Shutterstock/Andrew_T: 94; Shutterstock/Telia: 9-1; Shutterstock/Tishchenko Dmitrii: 65; Shutterstock/withGod: 40/41; stock.adobe.com/dimbar76: 67; Web Gallery of Art: 48; Wikimedia Commons/Florstein: 133; Wikipedia.org/Svickova: 143.

Liebe Leserin, lieber Leser,
wir freuen uns, dass Sie sich für diesen POLYGLOTT on tour entschieden haben. Unsere Autorinnen und Autoren sind für Sie unterwegs und recherchieren sehr gründlich, damit Sie mit aktuellen und zuverlässigen Informationen auf Reisen gehen können. Dennoch lassen sich Fehler nie ganz ausschließen. Wir bitten Sie um Verständnis, dass der Verlag dafür keine Haftung übernehmen kann.

Ihre Meinung ist uns wichtig. Bitte schreiben Sie uns:
GRÄFE UND UNZER VERLAG
Postfach 86 03 66, 81630 München, Tel. 0 89/419 819 41
www.polyglott.de

LESERSERVICE
polyglott@graefe-und-unzer.de
Tel. 0 800/72 37 33 33 (gebührenfrei in D, A, CH), Mo–Do 9–17 Uhr, Fr 9–16 Uhr

1. aktualisierte Auflage 2018

Dieses Buch wurde auf chlorfrei gebleichtem Papier gedruckt.
ISBN 978-3-8464-0197-2

Redaktionsleitung: Grit Müller
Verlagsredaktion: Anne-Katrin Scheiter
Autoren: Christine Hamel, Wolfgang Rössig, Jochen Könnecke
Redaktion: Anja Lehner
Bildredaktion: Ulrich Reißer, Anne-Katrin Scheiter
Mini-Dolmetscher: Langenscheidt
Layoutkonzept/Titeldesign: fpm factor product münchen
Karten und Pläne: Theiss Heidolph und Kunth Verlag GmbH & Co. KG
Satz: Tim Schulz, Mainz
Herstellung: Anna Bäumner
Druck und Bindung: Printer Trento, Italien

PEFC
PEFC/18-31-506

GRÄFE UND UNZER

Ein Unternehmen der
GANSKE VERLAGSGRUPPE

Mini-Dolmetscher Russisch

Allgemeines

Guten Morgen	Доброе утро [**do**braje **u**tra]
Guten Tag (nachmittags)	Добрый день [**do**bryi djen]
Hallo!	Привет! [pri**wjet**]
Wie geht's?	Как дела? [kak dje**la**]
Danke, gut.	Спасибо, хорошо. [ßpa**ß**iba, chara**scho**]
Ich heiße ...	Меня зовут ... [me**nja** sa**wut**]
Auf Wiedersehen.	До свидания. [do ßwi**da**nija]
Morgen	утро [**u**tro]
Nachmittag	после обеда [**po**ßle a**bje**da]
Abend	вечер [**wet**scher]
Nacht	ночь [notsch]
morgen	завтра [**saf**tra]
heute	сегодня [ßе**wod**nija]
gestern	вчера [ftsche**ra**]
Sprechen Sie Deutsch / Englisch?	Вы говорите по немецки / по английски? [wy gawa**ri**tje pa ne**mjez**ki / pa an**gli**ski]
Wie bitte?	Повторите что вы сказали, пожалуйста? [paftar**i**tje, **schto** wy ßka**sa**li, pa**scha**lusta]
Ich verstehe nicht.	Я не понимаю. [ja **nje** pani**ma**ju]
Sagen Sie es bitte nochmals.	Повторите пожалуйста. [paftar**i**tje pa**scha**lusta]
..., bitte.	..., прошу. [pra**schu**]
danke	спасибо [ßpa**ß**iba]
Keine Ursache.	Не за што. [**nje** sa schto]
was / wer / welcher	што / кто / какой [schto / kto / ka**koi**]
wo / wohin	где / куда [gdje / ku**da**]
wie / wie viel	как / сколько [kak / **skol**ka]
wann / wie lange	когда / как долго [kag**da** / kak **dol**ga]
Wie heißt das?	Как это называется? [kak **ä**ta nasy**wa**jezja]
Wo ist ...?	Где ...? [gdje]
Können Sie mir helfen?	Можете мне помочь? [**mo**schete mnje pa**motsch**]
ja	да [da]
nein	нет [njet]
Entschuldigen Sie.	Извините. [iswi**ni**tje]
Das macht nichts.	Ничего. [nitsche**wo**]

Shopping

Wo gibt es ...?	Где можно найти ...? [gdje **mosch**na naj**ti**]
Wie viel kostet das?	Сколько стоит? [**skol**ka **sto**·it]
Das ist zu teuer.	Это слишком дорого. [äta **ßlisch**kom **do**roga]
Das gefällt mir (nicht).	Мне (не) нравится. [**mnje** (nje) **nra**wizja]
Wo ist eine Bank?	Где находится банк? [gdje na**cho**dizja bank]
Geben Sie mir 100 g Käse, bitte.	Сто грамм сыра. [ßto gram **ßy**ra, pa**scha**lusta]
Haben Sie deutsche Zeitungen?	У вас есть немецкие газеты? [u waß jest ne**mjez**ki·e gas**je**ty]

Essen und Trinken

Die Speisekarte, bitte.	пожалуйста меню. [po**scha**lusta me**nju**]
Brot	хлеб [chleb]
Kaffee	кофе [**ko**fe]
Tee	чай [tschaj]
mit Milch / mit Zucker	с молоком / с сахаром [ß mala**kom** / s **ß**acharom]
Orangensaft	апельсиновый сок [apel**ß**inowyj ßok]
Suppe	суп [ßup]
Fisch	рыба [**ry**ba]
Fleisch / Geflügel	мясо / птица [**mja**ßo / **pti**za]
Beilage	гарнир [gar**nir**]
Gemüse	овощи [**o**waschtschi]
vegetarische Gerichte	вегетарианские блюда [wegetari**an**skije **blju**da]
Eier	яйца [**jai**za]
Salat	салат [ßa**lat**]
Dessert	десерт [de**ßert**]
Obst	фрукты [**fruk**ty]
Eis	мороженое [ma**ro**schenoje]
Wein	вино [wi**no**]
Bier	пиво [**pi**wo]
Wasser	вода [wa**da**]
Mineralwasser	минеральная вода [mine**ral**naja wa**da**]
Limonade	лимонад [limo**nad**]
Frühstück	завтрак [**saf**trak]
Mittagessen	обед [a**bjed**]
Abendessen	ужин [**u**schin]
Ich möchte bezahlen.	Я хочу заплатить. [ja chat**schu** sapla**tit**]
Es war sehr gut.	Было очень вкусно. [by**lo** o**t**schin **wkuß**no]

Meine Entdeckungen

Clevere Kombination mit POLYGLOTT Stickern

Einfach Ihre eigenen Entdeckungen mit Stickern von 1–16 in der Karte markieren und hier eintragen. Teilen Sie Ihre Entdeckungen auf facebook.com/Polyglottreisewelt.

Checkliste St. Petersburg

Nur da gewesen oder schon entdeckt?

- [ ] **Fahrt mit der Metro**
  Marmor, Stuck und Kristallleuchter machen die Metrostationen der Linie 1 zu Palästen im Untergrund. › **S. 101**

- [ ] **Überraschungsei**
  Wenn man am Lorbeerbaum-Ei im neuen Fabergé-Museum einen verborgenen Hebel betätigt, steigt ein Vogel aus der Blattkrone empor und singt. › **S. 14**

- [ ] **Teezeremonie im Hotel Astoria**
  Der Tee wird im silbernen Samowar zubereitet und in Tassen aus der Kaiserlichen Porzellanmanufaktur serviert. › **S. 14**

- [ ] **SU-Lifestyle**
  Einblick in den Alltag eines Hohen KP-Funktionärs gibt die im Originalzustand belassene Wohnung Sergej Kirows. › **S. 15**

- [ ] **Orthodoxer Gottesdienst**
  Weihrauch, goldglänzende Ikonen und Chorgesänge: Die Messen in der Dreifaltigkeitskirche sprechen alle Sinne an. › **S. 115**

- [ ] **Weiße Nächte**
  Am Newa-Ufer und besonders an den Brücken herrscht unter taghellem Nachthimmel turbulente Volksfeststimmung. › **S. 54**

- [ ] **Märchenhafte Ballettkunst**
  Ein Abend im Mariinskij-Theater gibt Gelegenheit, »Dornröschen« einmal am Ort seiner Uraufführung zu sehen. › **S. 13**

Mitbringsel für daheim

Babuschka-Tuch: Geblümter Schal vom Traditionsunternehmen Pavloposadskie Platki › **S. 16**

Romanow-Flair: Teetasse der Kaiserlichen Porzellanmanufaktur im Kobaltnetzdekor › **S. 16**